Reinhold Messner, Bergsteiger aus Berufung und Neigung, wurde 1944 in Villnöss/Südtirol geboren. Dort leitet er – wenn er nicht gerade zu Klettertouren, Expeditionen oder Vortragsreisen in den verschiedensten Ländern der Welt unterwegs ist – die von ihm gegründete »Alpinschule Südtirol«. Er hat in über 25 Jahren seiner Bergsteigerkarriere extremste Touren und Erstbegehungen in den Ost- und Westalpen, in den Anden und im Himalaja unternommen. Bereits zweimal hat er den Mount Everest ohne Sauerstoffmaske bezwungen.
Reinhold Messner erhielt für seine alpin-schriftstellerische Arbeit im Laufe der Jahre mehrere Auszeichnungen: 1968 den Literaturpreis Premio Monti, 1975 den ITAS-Preis im Rahmen des Trento-Festivals und 1976 den Buchpreis des Deutschen Alpenvereins für das beste Sachbuch auf dem Gebiet der alpinen Literatur.

Von Reinhold Messner sind außerdem als Knaur-Taschenbücher erschienen:

»Die Herausforderung« (Band 3603)
»Everest« (Band 3615)
»Die großen Wände« (Band 3622)
»Alleingang« (Band 3638)
»Die Extremen« (Band 3651)
»K2 – Berg der Berge« (Band 3674)

Vollständige Taschenbuchausgabe in zwei Bänden
der Originalausgabe »Bergvölker - ehe ihre Spur verweht«
Droemersche Verlagsanstalt Th. Knaur Nachf. München
Lizenzausgabe mit freundlicher Genehmigung
der Verlagsanstalt Athesia, Bozen

Umschlagabbildung Machapuchare (6998 m),
der heilige Berg Nepals (Foto H. Winter/Bavaria)
Satz IBV Lichtsatz KG, Berlin
Druck und Bindung Ebner Ulm
Printed in Germany · 1 · 13 · 683
ISBN 3-426-03702-5

1. Auflage

Reinhold Messner:
Bergvölker im Himalaja

Mit 103 zum Teil farbigen Abbildungen

Knaur®

INHALT

BERGVÖLKER IM HIMALAJA

Geprägt von der unberührten Landschaft, von den nahen Bergen und den Naturgewalten sind die Bergvölker im Himalaja vielfach feinfühlig, teilweise hochkultiviert, doch materiell arm. Ihr autarkes Leben, das nur eine Arbeitsteilung am Rande des Ganzen kennt, steht in vielem im Widerspruch mit unserer Industriegesellschaft, läuft aber Gefahr, mehr und mehr verwässert zu werden.

Es ist nicht Zweck dieses Buches, noch halte ich es für meine Aufgabe, dies zu verhindern. Ich möchte in diesem Buch nur ein Bild dieser Bergvölker zeichnen, ein Bild aus Stimmungen und Augenblicken, die ich im Laufe zahlreicher Expeditionen bei diesen Menschen in Nepal, Pakistan und Hunza in mich aufgenommen habe, die ich festhalten und hier als Ganzes wiedergeben möchte. Ich habe die Menschen dort oben so fotografiert, wie sie *heute* leben. Auch habe ich nicht die verzweifelten und äußersten Fälle herausgegriffen, sondern die normalen.

Die Bergvölker stehen heute auf völlig verschiedenen Entwicklungsstufen. Die einen beginnen mit der Rodung, andere stehen in ihrer Blüte, viele sind dabei, als eigenständige Gemeinschaft zu sterben.

Nach und nach werden sie wohl alle – ob mit oder ohne Tourismus – ihre ursprüngliche Lebensform aufgeben und eine neue suchen. Die Entwicklungshilfe wird diesen Prozeß höchstens stören, nicht aber aufhalten können.

Vielleicht weiß der Bergbauer im Unterbewußtsein, daß er mit dem ungeteilten Leben eine Art Paradies aufgibt, ein herbes, aber zeitloses Paradies, eine Welt voller Harmonie und Würde des Menschen. Wer aber ist bereit zu frieren und zu hungern, wenn eine satte und bequeme Zukunft lockt, besonders dann, wenn das Wissen um die Selbstzerstörung fehlt, die notwendig ist, um zu neuen Ufern zu gelangen.

KARGE SAAT IN HARTER ERDE

Der Boden, den die Bergvölker bearbeiten, ist hart und steinig, nicht überall hat man gelernt, ihn zu bewässern. Vielfach schützen kleine Trockenmauern das Erdreich, ungezählte Terrassen schieben sich hintereinander wie Treppen die Berghänge hinauf, bis auf viertausend Meter Meereshöhe.
Den Buchweizen, einst Hauptnahrungsmittel der Südtiroler Bergbauern, habe ich in kahlen Bergtälern des Hindukusch, bei den Hunzas und im Himalaja wiedergefunden, aber auch Kartoffeln, Roggen, Weizen, soweit er noch reift...
Es ist nicht viel, was die Erde, oft von weit hergetragen oder von unten heraufgeschleppt, hergibt. Wenn die Bergbauern deshalb von jeher weniger Steuerabgaben zu leisten hatten, sind sie trotzdem arm geblieben. Sie sind es zwar gewohnt einzuteilen, für die harten Wintermonate zu horten, sind fleißig, doch aber kommt mit dem Frühling immer wieder der Hunger. Für die Kinder, von klein auf an harte Arbeit gewöhnt, ist er besonders schlimm, weil sie nicht begreifen können.
Die wenigen Vorräte liegen in Scheunen und Hütten, welche – auch wenn nur aus vier Lehmmauern und einem Flachdach bestehend – in sich harmonisch sind, perfekt in den Proportionen. Har-

Pflügender Bauer im Karakorum, Pakistan

Dorf in Südtibet, China

monisch wie die Gebäude ist auch das Leben der Bergbauern, soweit sie nicht von der Technik berührt werden.
Sie kennen keine Hektik, keine Termine, sie scheinen unendlich viel Zeit zu haben. Einige begleiten – im Himalaja seit hundert Jahren – zwar Touristen und Bergsteiger auf die höchsten Höhen, kehren aber immer wieder zu ihren Höfen, zu der vom Vater übernommenen Lebensweise zurück. Sie beherrschen alte Künste,

Frau beim Holztragen in Diamirai, Pakistan

Kinder in Ser, Diamirtal, Pakistan

schlagen die Butter in Nepal zwar anders als in Hunza, erreichen aber dasselbe.
Die Bergvölker bekennen sich zu verschiedenen Religionen, beten aber alle zu einem Gott und stellen in Tibet Manimauern und in Nepal Gebetsfahnen auf, die im leisesten Windhauch flattern...

AM FUSSE DES HINDUKUSCH

Im Wakhan hatte ich den Eindruck, daß die Leute dort, sich selbst überlassen, eines Tages ihre eigenen Traktoren bauen würden, ihre eigenen Agrarwissenschaften hervorbrächten, ihre eigenen Bücher schreiben würden, genauso wie sie Schuhe, Strümpfe und Sattel erfunden hatten, die denen aus den Berggebieten im Westen sehr glichen.
Wie müssen diese Menschen leiden, seit sie ihre Unabhängigkeit verloren haben!

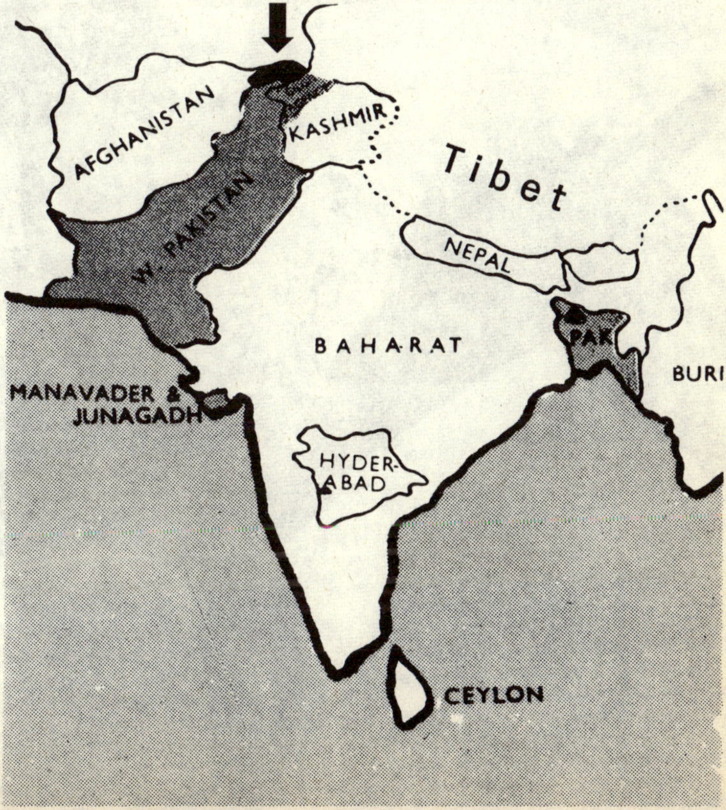

Menschen im Wakhan

Selbstbewußtes Bauernvolk zwischen Oxus und Hindukusch

Staatsform/Politische Zugehörigkeit: Der Wakhankorridor – im Norden vom Pamir und im Süden vom Hohen und Östlichen Hindukusch eingeschlossen – gehört heute politisch zu Afghanistan. Seit 1979 unter UdSSR-Kontrolle.

Größe des Volkes: Etwa 100 000 Bergtadjiken (Turkmenen und Usbeken)

Meereshöhe: 2400 m bis 3000 m, Almen bis über 4000 m Meereshöhe.

Klima: Kontinental, trocken.

Religion: Islam, noch »heidnische« Einflüsse spürbar.

Sprache: Farsi, Usbekisch, Urdu.

Vorhergehende Seiten: Bergbauernfamilie aus Wakhan auf dem Weg nach Faizabad, Afghanistan

Rechts: Bauer aus Qazi Deh, Wakhan, Afghanistan

Unten: Der Noshaq, 7492 m, der höchste Berg Afghanistans

Im Wakhanstreifen, dem östlichsten Winkel Afghanistans, einem breiten U-Tal, das von Ost nach West verläuft, leben stolze, freiheitsliebende Menschen, die auf das bodenständige Recht bauen, die Tadjiken. Diese Bauern betreiben Bewässerungsfeldbau, Viehzucht und ein wenig Obstbau. Die Dörfer liegen – kleinen Oasen gleich – im Talgrund, dort, wo die Seitentäler in den Amu Darja (früher Oxus) münden.
Man ißt Fladenbrot, Sauermilch, Butter, gedörrte Aprikosen, Erbsen, selten Fleisch, trinkt Tee mit Zucker oder mit Salz.
Die Felder sind großteils in Terrassen an den flachen Berghängen und zwischen den einzelnen Siedlungskernen angelegt. Nur ein weitverzweigtes Bewässerungssystem ermöglicht den Anbau von Feldfrüchten, Getreide und Kartoffeln. Jedem Gehöft stehen je nach Wassermenge, die aus den nahen Gletscherbächen kommen, eine bestimmte Anzahl von Wasserstunden zu.
Wie das ausgeklügelte Wasserrecht haben diese Bergbauern auch eine reiche Volkskunst, die sich relativ rein bewahrt hat. Wer selbst keine Felder und Herden besitzt, arbeitet als Knecht – ganz wenige als Handwerker – gegen Unterkunft und Naturalien als Lohn. Die Felder werden mit dem einfachen Hakenpflug, mit Spaten aus Eisen oder vereinzelt auch noch Holzspaten bearbeitet. Die Arbeit auf den Feldern wird zum Teil von den Männern (Pflügen, Säen, Ernten), zum Teil von den Frauen (Jäten, Hacken, Ernten) verrichtet.
Ziegen und Schafe liefern neben Milch und Fleisch auch Wolle für Schals, Strümpfe und Socken. Sie kommen im Sommer auf die Alm. Das Weben ist Männersache. Neben dem Kleinvieh hält der Bauer auch Rinder, Esel und, wenn er reich ist, Pferde und Kamele, die zum Ansehen einer Großfamilie wesentlich beitragen.
Wenn sich diese Bauern Touristen und Expeditionen gegenüber, die sie oft als Träger begleiten, auch gut organisiert haben, sind immer noch Schnee und Dürre, Wasserknappheit und Wildbäche ihre eigentlichen Gesetzesformer, denen sie sich mit Gelassenheit und unbedingt beugen.

Das Brot

Schon als Kind, wenn ich dem Großvater beim Brotbacken half, spürte ich die Hingabe, mit welcher alle Vorbereitungen getroffen wurden. Während bei den Bergbauern in Südtirol das Fladenbrot für ein halbes Jahr im voraus gebacken wird oder wurde, bereiten es die Hunzas, die Nepali und die Bauern in Wakhan täglich. Die Frau holt soviel Mehl, wie sie für die nächste Mahlzeit braucht, aus der Truhe, fügt etwas Wasser hinzu, knetet und knetet – ohne Hefe –, bis der Teig zusammenhält. Dann wälzt sie diesen Teig zu ganz dünnen Fladen aus und erhitzt diese im kleinen, tonnenförmigen Backofen, der im Inneren des Wohnhauses in den Erdboden eingelassen ist. Die Backöfen sind von Land zu Land verschieden, auch die Mischung des Mehles schwankt, je nachdem wieviel Roggen, Mais, Gerste oder Weizen zur Verfügung stehen, das Brot aber – ein kräftiges Vollkornbrot – schmeckt herrlich.

Haus und Hof

Handskizzen von drei verschiedenen Gehöften siehe auf der folgenden Seite.

Südtiroler Bauernbrot

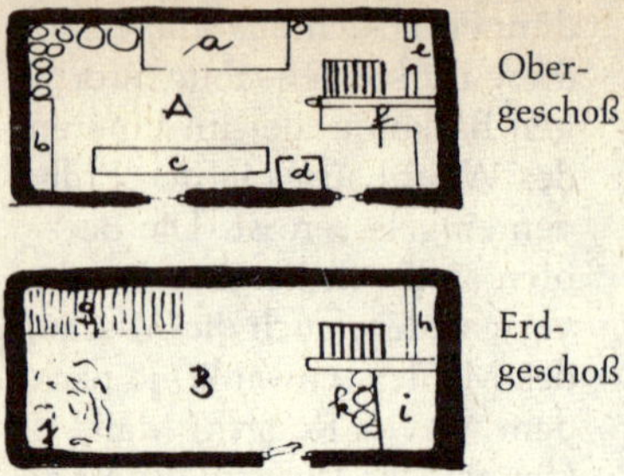

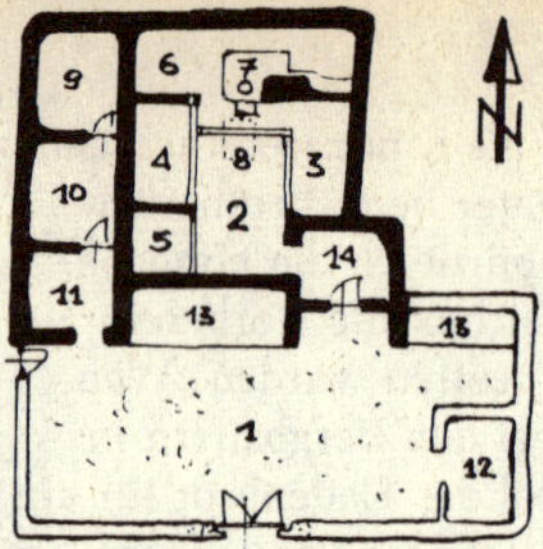

Haus in Namche Bazar/Nepal
A) Wohnraum: a) Regale – b) Bekleidung und Bettzeug – c) niedriger Tisch – d) Herd – e) Abort – f) Regale, Schränke;
B) Stall: g) Brennholz – h) Laubstreu = Abort – i) Kartoffeln – j) Heu – k) Getreidesäcke.

Gehöft in Qazi Deh/Wakhan
1) Hof – 2) Verkehrfläche – 3) Wohnnische (erhöht) – 4) Schlafnische – 5) Abstellfläche – 6) Geräte – 7) Herd – 8) Rauchabzug = Lichtschacht – 9) Kühe – 10) Schafe – 11) Schafe – 12) Stroh – 13) Sitzfläche = Sommerschlafplatz – 14) Vorraum.

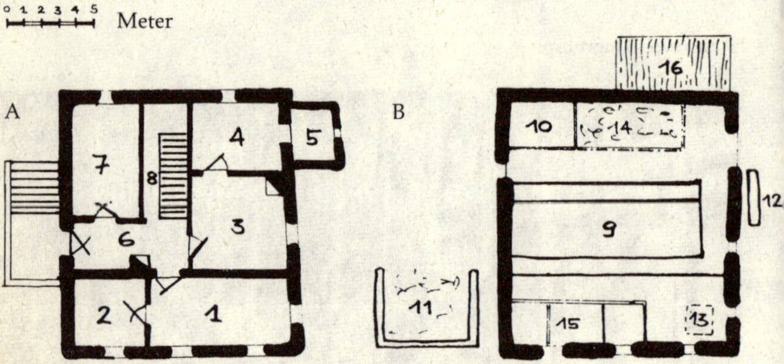

Alter Bauernhof in Südtirol – Feuerhaus und Stall

A) Wohntrakt im Feuerhaus: 1) Stube – 2) Stubenkammer – 3) Küche – 4) Speisekammer – 5) Abort – 6) Labe – 7) Kammer – 8) Treppe in das Obergeschoß (in Holz), das in Speicher und Kammern unterteilt ist;

B) Grundriß des Stadels/Stall: 9) Kühe – 10) Hühner – 11) Mistlege – 12) Brunnentrog – 13) Futterloch – 14) Stroh – 15) Schweine – 16) Holz.

Gehöfte

Es ist nicht allein die Anlage eines Gehöfts, die für ein Bergvolk typisch ist, auch die Raum- und Sitzordnung im Inneren ist meist Tal für Tal ein und dieselbe. So hat der Hausherr bei den Sherpa seinen Platz rechts der Feuerstelle, die Hausfrau im Wakhan in der Vertiefung vor dem Backofen, und der Südtiroler Bergbauer verbringt oder verbrachte einen Großteil des Winters auf oder hinter der Ofenbank. Damit will ich sagen, daß im Kleinen wie im Großen alles seine Ordnung hat. Diese Ordnung hat sich – wie auch die Bauform – auf Grund der klimatischen Bedingungen, der Bodenerträge und der nächsten Umgebung herausgebildet.

Inshallah

Es war auf der Rückreise aus dem Hindukusch, nach einer Expedition auf den Noshaq, den höchsten Berg Afghanistans. Wir kauerten auf einem jener selbstgebastelten, bunt bemalten Lastwagen, die durch Flüsse und über Schuttfelder fahren können, und bestaunten

Rechts: Rückreise aus dem Hindukusch, Afghanistan

Unten: Afghanisches Nomadenkleid

eine Nomadenfrau, die wir ein Stück mitgenommen hatten. Plötzlich bremste unser Chauffeur so schroff, daß es uns hinten auf der Ladebrücke durcheinanderwarf wie die Würfel in einer hohlen Hand.

Ein gutes Stück mochten die blockierten Räder wohl über den lockeren Schotter gerutscht sein, bis wir in einer Kurve knapp zwei Meter vor einem Lastwagen aus der Gegenrichtung zum Stehen kamen. Unser Truck war mit der Nase bis nahe an den Abgrund getrieben worden und stand nun halb quer, die Straße vollkommen sperrend. Links fiel eine Felswand senkrecht in den Fluß ab, dessen Poltern und Zischen ich im Gedränge und im Lärm meiner erschrockenen Expeditionskameraden nur mehr wie aus großer Ferne hören konnte. Rechts stieg der wüstenhafte Berghang sehr steil an. Ein Zurückfahren oder Ausweichen war für uns unmöglich. Unser Fahrer, ein altehrwürdiger Afghane, der das Primat für sich in Anspruch nimmt, als erster diese Straße in den Wakhan befahren zu haben, war inzwischen ausgestiegen, vermutlich wohl, um mit dem Chauffeur des anderen Lastwagens darüber zu beraten, ob er zurückfahren könne. Der andere Fahrer aber war gar nicht da, der Wagen leer. Zudem stellte sich bald heraus, daß dieser Truck einen Achsenbruch erlitten hatte. Unser Chauffeur setzte sich, ohne auch nur einen Fluch ausgestoßen zu haben, in den Schatten seines Fahrzeugs und begann zu schlafen.

Es dauerte nicht lange, da begann ein Murmeln und Schimpfen in unserer Gruppe, Stunden später ein verzweifeltes Händeringen und hektisches Hinundherlaufen. »Wir werden unser Flugzeug versäumen«, klagte der eine. »Ich werde meinen Arbeitsplatz verlieren«, fürchtete ein anderer. So viele Personen, so viele Befürchtungen, so viele Ängste. Aufgewachsen in einer Welt der Terminkalender und Verträge, konnten wir uns an solche Ungewißheiten nicht gewöhnen. Fahrpläne, Telefone, Landkarten und Bücher haben in unserer Welt das Ungewisse auf ein Minimum reduziert. Dagegen ist die Ungewißheit ein wesentliches Merkmal im Leben dieser Orientalen.

Unser Chauffeur schlief immer noch, als der des anderen Lastwagens auftauchte. Nachdem wir ihn, voller Hoffnung, daß wir jetzt weiterfahren könnten, geweckt hatten und er sich mit seinem Kollegen über die Situation unterhalten hatte, teilte

Europäerin beim Abschied von einer Bergtadjikin

er uns lakonisch mit: »Vielleicht kommt die neue Achse morgen, vielleicht erst übermorgen. Eine Nacht müssen wir auf jeden Fall hierbleiben, wahrscheinlich aber zwei oder drei Nächte.« Inshallah – keiner von uns brachte auch nur ein Wort heraus. »Immer vorausgesetzt, daß der Bub, der die Achse besorgen soll, eine solche in Faizabad auftreiben kann«, fuhr er eine Weile später fort. »Inshallah«, und setzte sich wieder in den Sand, um weiterzuschlafen.
Da wir uns als Europäer nicht mit den Tatsachen abfinden konnten wie er, schritten wir zur Tat. Als wir im Laufe des späten Nachmittags damit begannen, die Straße in der Kurve zu erweitern, lachten die Einheimischen nur. Sie schauten zu, während wir eine stützende Trockenmauer errichteten, den Hohlraum dahinter mit Steinen auffüllten und zuletzt Erde darauf warfen. Sie verstanden nicht, warum wir uns soviel Mühe machten, wo doch morgen oder übermorgen die Achse kommen könnte und alles reibungslos zu entwirren sein würde. Als wir am Abend dann am defekten Lastwagen vorbeifahren konnten, staunten sie nicht wenig, schüttelten aber lächelnd den Kopf, weil sie unsere Eile noch immer nicht begreifen konnten.

Demoralisierender Terror

Seit bald zwei Jahren kämpfen sowjetische Truppen mit Hubschraubern (»Fliegende Hunde«) und »Booby-Traps« (explosives Kinderspielzeug, das abgeworfen wird) gegen afghanische Bergbauern, die mit den Waffen ihrer Väter ihre Freiheit verteidigen wollen.
Zwei Millionen Flüchtlinge leben inzwischen im benachbarten Pakistan. Immer wieder gehen viele von ihnen über die Berge in die Heimat zurück, um den aussichtslosen Kampf weiterzuführen... den Kampf gegen den demoralisierenden Terror der sowjetischen Besetzermacht.

Spiel und Arbeit der Kinder

Während ich in Namche Bazar, dem Hauptort der Sherpa im Himalaja, die Kinder beim »Tempelhupfen« beobachtete, sah ich mich unwillkürlich in meine Kindheit zurückversetzt. Mit spannenlangen Stöckchen gruben sie Striche in den Erdboden, Quadrate, nebeneinander, hintereinander, genauso wie wir es in den ersten Schuljahren getan hatten. Sie hüpften bald auf einem Bein, bald auf beiden, über die Felder, er-

Afghanische Frau in der Lehmhütte

munterten sich gegenseitig, kamen durch, ohne mit den Füßen einen Strich zu berühren, oder schieden aus, je nach Geschicklichkeit und Gleichgewichtsvermögen.
Das Los aller Bergbauernkinder ist ähnlich, wenn nicht gleich. Die Zeit, in der sie sich gegenseitig anmalen, wie diese vier Mädchen in Qazi Deh, oder spielen dürfen, ist begrenzt. Von klein auf nämlich müssen sie bei der Arbeit mithelfen: auf den Feldern, im Haus, beim Lastenschleppen. So habe ich in Nepal Kinder von zehn und zwölf Jahren mit Lasten von fünfzehn und zwanzig Kilo tagelang marschieren sehen, andere beim Auflesen von Steinen auf frischgepflügten Äckern beobachtet und ein Mädchen in Hunza beim Salzstampfen fotografieren können, ohne daß sie es merkte, so vertieft war sie.

ZWISCHEN KARAKORUM UND HIMALAJA

Ich habe mich in Hunza oft gefragt, warum man das hausgemachte Fladenbrot, das frisch fast genauso aussieht und ähnlich schmeckt wie das Bauernbrot in Villnöß, in zwei so entfernten Ländern gleichzeitig ißt, wo es doch nie Kontakt zwischen den beiden Völkern gegeben hat. Solche Vergleiche treffen auch auf viele soziale Bereiche zu.

Die Hunzas

Das gesündeste Volk der Welt?

Staatsform/Politische Zugehörigkeit: Bis 1974 Königreich unter pakistanischer Vorherrschaft (König = Mir). Hauptort: Baltit. Heute gehört Hunza zum Gilgitdistrikt, Pakistan.

Größe des Volkes: Ca. 10000 Einwohner in etwa 150 Dörfern.

Meereshöhe: 1600 m bis 2500 m.

Klima: Relativ mildes Klima. Im Winter fällt die Temperatur bis auf –8 Grad Celsius, die Familien ziehen sich dann für 5 bis 6 Wochen in ihre Häuser zurück.

Religion: Die Hunzas gehören einer freien Sekte des Islam an; sie sind Anhänger der Ismaili-(Maulai-)Lehre.

Sprache: Hunzasprache, Burushaskisprache.

Vorhergehende Seite: Hunza-Ehepaar beim Mittagsmahl, Pakistan

Rechts: Die Frau des Isar Khan in der Alltagstracht, Hunza, Pakistan

Unten: Händler aus Hunza in Gilgit, Pakistan

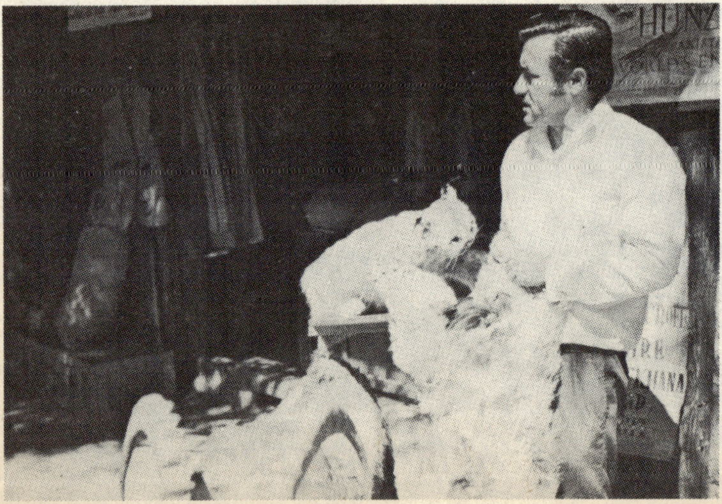

Die Hunzas, ein »Griechenvolk im Himalaja«, führen ihren Ursprung in der Sage auf Alexander den Großen zurück. Diese Bergbauern im Norden von Pakistan – zwischen Karakorum, Pamir und Hindukusch gelegen – zeichnen sich durch Leistungsfähigkeit, schöne Körperbildung und vollkommene Gesundheit aus, sie sind freundlich, sauber und meist fröhlich. Auf Grund ihrer Trittsicherheit an steilen Berghängen, ihrer Duldsamkeit und Hilfsbereitschaft wurden sie schon vor Jahrzehnten immer wieder für große Expeditionen verpflichtet, einige erreichten Meereshöhen von 8000 m. Ihre Freiheit von chronischen Krankheiten und die kräftigen Reaktionsfähigkeiten gegen Infektionen sind nicht zuletzt auf ihre »lebensfrische« Ernährung zurückzuführen. Sie ernähren sich hauptsächlich von Obst, Vollkornbrot und getrockneten Aprikosen. Fleisch und Wein genießen sie nur im Winter oder bei Festlichkeiten. Wild ist selten. Der alljährliche »Hungerfrühling«, ausgelöst durch die schwindenden Vorräte am Ende der kalten Wintermonate, steigert sich bis zu den ersten Ernten Ende Juni. Vorher schon werden die Felder gedüngt, gepflügt, gehackt und bewässert, die Obstbäume geschnitten, die Kartoffeln gejätet.
Die Kinder werden frühzeitig zur Arbeit herangezogen, müssen auf den Almen hüten oder Lasten schleppen. Alles hat seine Ordnung. Die in sich ruhende, kleine Welt von Hunza, in der nichts Orientalisches zu spüren war, ist in den letzten Jahren zwar durch die neue Straße gestört worden, die Chinesen zwischen Tibet und Rawalpindi gebaut haben, ihre Eigenheiten aber haben sich die Hunzas bewahrt. Erst als im Sommer 1974 der Mir von Hunza abgesetzt und das Gebiet einstweilen gesperrt wurde, kam Unfreiheit ins Land. Die Auflösung der königlichen Dynastie des Mir, die fast 700 Jahre regiert hatte, ist wohl der Anfang vom Ende des Hunzareiches.
Vorläufig ist Hunza für den Tourismus gesperrt. Wenn die Pakistani diese Tore wieder öffnen werden, ist zu hoffen, daß eine Synthese von alter Hunzakultur und moderner Entwicklung verwirklicht werden kann.

Die Burg

Mehr als 600 Jahre alt ist die Burg der Könige von Hunza, die auf einem steilen Moränenhügel oberhalb des Hauptortes

Das alte Schloß von Baltit, ehemals Sitz der Könige von Hunza

Baltit thront. Seit Jahrzehnten allerdings residierte die königliche Dynastie des Mir in einem neuen Bau mit europäischem Charakter. Das alte Schloß, mit vielen düsteren Kammern, Gängen und freien Treppen, ist wie im Märchen, doch dem Verfall nahe, wie viele Burgen in Südtirol.
Stolz auf ihre Freiheit wie die Tiroler waren auch die Bürger von Hunza, die vor Jahrhunderten wie Raubritter über chinesische Handelskarawanen hergefallen waren und ein völlig eigenständiges Dasein geführt hatten. Doch jetzt hat man auch ihnen ihren König genommen.

Gnade dem Tüchtigen

Früher einmal, so erzählt der Großvater den kleinen Hunzakindern in Baltit, mußten Verbrecher, die vom König zum Tode verurteilt worden waren, von einem Felsvorsprung unterm alten Schloß in Hunza auf einen kleinen Felsturm springen. Der Spalt dazwischen ist gut zwei Meter breit, der Turm ist schmal und steht höher als die Absprungstelle. Zweihundert Meter fällt die Wand darunter ab. Ein einziger schaffte, in der jahrhundertealten Geschichte der Hunza, den Sprung hin und zurück. Er wurde begnadigt.

Unten: Säbel und Schild der Hunza-Krieger auf einer gestickten Satteldecke der königlichen Familie

Rechts: Hunza-Familie vor ihrem Haus in Altit, Pakistan

Isar Khan

Es war im Gilgittal, auf der Heimreise vom Nanga Parbat: Man setzte mich, nachdem ich den dramatischen Abstieg und den Verlust meines Bruders überlebt hatte, zwischen einige Hunzaträger hinten auf einen Jeep, der dann in einem nächtlichen Sandsturm nordwärts fuhr. Ich war erschöpft, verzweifelt, der Sand brannte in den Augen. Plötzlich – nach einem besonders heftigen Windstoß – nahm einer der Hunzamänner meinen Kopf in die Hände und drückte ihn sachte in seinen Schoß. Ich lag nun zwischen Expeditionskisten und Beinen auf dem rasenden Jeep, vergrub mein Gesicht im Anorak meines Beschützers, und während dieser mein Haar streichelte, begann ich leise zu weinen.
Als wir in Gilgit ankamen, graute bereits der Morgen. Ich sah nun dem Mann ins Gesicht, der mich auf der Fahrt fortwährend gehalten und gestreichelt hatte, der erste, der mir mit Zärtlichkeit begegnet war, nachdem ich mich tagelang unter unsäglichen Schmerzen und grenzenloser Einsamkeit talwärts geschleppt hatte. Es war Isar Khan. Er beantwortete meinen dankbaren Blick, indem er meine Hände nahm und drückte oder streichelte, ich weiß es nicht mehr, ich weiß nur noch, daß er mir wie ein Vater vorkam, wie ein guter Vater, der auch ohne viel Worte alles verstand.
Isar Khan war der Führer der Hunzaträger bei dieser unserer Rupalexpedition gewesen, und er blickte auf eine zwanzigjährige Erfahrung als Hochträger zurück. Er war bei der ersten erfolgreichen Nanga-Parbat-Expedition mit Hermann Buhl dabeigewesen, hatte mit Erich Abram am K 2 eine Höhe von fast 8000 m erreicht, als es galt, die Spitzengruppe mit Sauerstoff zu versorgen. Er war aber immer wieder zu seinem Bergbauernleben in Hunza zurückgekehrt. Als Trägerführer, von allen wie ein König verehrt und gefürchtet, schleppte er die größten Lasten, gab Befehle weiter und verhandelte zwischen den Sahibs und den Einheimischen. Daheim lebte er wie die anderen Bauern auch, einfach, zufrieden mit sich und der Welt.
Vier Jahre nach unserer gemeinsamen Expedition am Nanga Parbat besuchte ich Isar Khan in Baltit. Er war außer sich vor Freude, lud mich zum Mittagessen ein, das wir im Freien unter einem mächtigen Maulbeerbaum einnahmen, und zeigte mir dann seine Felder, seinen winzigen Obst- und Weingarten.

Inzwischen wohl fünfzig oder mehr Jahre alt, hatte er sich seine jugendliche Spannkraft bewahrt, sah aus wie ein selbstbewußter Südtiroler Bergbauer, und hinter der braunen, hohen Stirn lagen Weisheit, Erfahrung und Ehre der Hunzas.
Viele Stunden lang saßen wir vor dem Eingang seiner einfachen Lehmhütte, es kamen seine Tochter und seine Frau. Ich spürte, wie sehr er das alles liebte: seine Familie, seine Felder, sein einfaches Leben, obwohl er bei Expeditionen eine ganz andere Welt kennengelernt hatte.

Ultar Nullah

Schon lange vor Sonnenaufgang hatte ich meine Pritsche, die man mir knapp oberhalb des Poloplatzes in Baltit als Nachtlager zugewiesen hatte, verlassen, um auf die Ultaralm aufzusteigen. Als ich über die Stufen durch das Dorf zur alten Burg hinaufspazierte, begegneten mir Frauen und Mädchen, die mit Körben auf die Felder gingen. Der Gipfel des Rakaposhi wurde von den ersten Sonnenstrahlen angehaucht, und da und dort drang blauer Rauch aus den Rissen in den Lehmmauern, zwischen denen der Weg führte.

Knapp oberhalb des Schlosses zieht sich ein schmaler Steig dem Wassergraben entlang, hinein in ein wildes Nebental des Hunzatales. Die kargen Alpweiden dort oben am Gletscherrand waren das Ziel meines Ausflugs. Aus der Schlucht, die sich über mir mehr und mehr zu verengen schien, wehte eisige Luft. Die Terrassen – »Mesas« genannt – lagen jetzt in ihrem zarten Grün unter mir und gingen am Rand über in die wüstenhaften Erosionshänge, die, soweit ich sehen konnte, von schneebedeckten Gipfeln überragt wurden. Auf der anderen Seite des Hunzaflusses wohnen auf ähnlichen Bergbalkonen die Nagir. Ihre Dörfer, umgeben von hohen Pappeln, nahmen sich wie Spielzeug aus. Die an den Berghang geschmiegten Hauswürfel von Baltit sah ich jetzt allerdings nicht mehr.
Plötzlich tauchten zwei Buben in der Schlucht auf. Einer trieb drei Schafe talwärts, der andere – ein Bündel Holz auf dem Rücken – war mager und seine Knie zitterten. Der Hunger aus den Wintermonaten und die kalte Nacht standen noch in seinen Augen. Er rastete auf einem Steinklotz neben mir, zerrte ein Tuch mit getrockneten Aprikosen aus dem Geäst und bot mir zwei davon an. Dann nickte er mit seinem

hohlwangigen Gesicht zum Gruß und eilte dem Hirten nach.
Während die Mädchen, Frauen und Männer in den Feldern mit Jäten, Wässern, Pflügen beschäftigt waren, mußten die kleinen Buben das wertvolle Holz aus den Bergen holen und Schafe, Ziegen und Rinder hüten.
Die Gerste im Tal stand jetzt hüfthoch, und die Maulbeeren waren schon geerntet. Die Aprikosen allerdings waren noch grün, ebenso die Äpfel und Trauben.
Es war am frühen Vormittag, als ich oben, wo sich das Tal etwas weitet, einige Rasenflecke zwischen den Steinen entdeckte. Etwas weiter unten war der milchige Gletscherbach gestaut, und an beiden Schluchtwänden liefen – turmhoch oben – die Bewässerungsrinnen entlang. Aus den bauchigen Trockenmauern, die die wasserführenden Lehmrinnen stützen, sickerte Wasser, das in schwarzen Streifen über die senkrechten Felswände lief. Ich fragte mich, wie die Hunzas diese kühnen Kanäle wohl gebaut hatten und ob wir mit unserer modernen Klettertechnik einen derartigen Quergang ver-

Links: Blick auf die Hausdächer von Baltit, auf denen sich im Sommer das häusliche Leben abspielt

Unten: Detail eines Säulenganges am alten Schloß von Baltit, Hunza, Pakistan

sichern könnten. Ohne dieses Wasser in den Seitentälern wäre unten in den Dörfern kein so intensiver Gartenbau möglich. Die Notwendigkeit ist wohl auch hier der Vater jeder Erfindung.
Ganz oben zwischen einigen Steinwällen traf ich am späten Vormittag auf einige Hirten, die gerade Ziegen und Schafe molken. Ich war auf der Ultar Nullah angekommen, einer Hochalm unmittelbar unter den gleichnamigen Gipfeln. Zwischen mannshohen Felsblöcken waren die Eingänge zu den höhlenähnlichen Behausungen zu erkennen. Davor saßen einige alte Männer und schütteten die Milch, die die Melker

Oben: Hunza-Frau beim Jäten. Im Hintergrund die wüstenhaften Hänge und verschneiten Gipfel des Karakorumgebirges

Rechts: Melkende Hirten auf Ultar Nullah. Dahinter der Eisbruch der Ultar-Peaks, Hunza, Pakistan

in kopfgroßen Kürbistöpfen brachten, in sackförmige Ziegenhäute, worin später die Butter geschlagen wurde.
Ich blieb einige Tage, schlief neben den Hirten und stieg am Morgen mit den Tieren hinauf zwischen die Gletscher, bis unter die Felsen.
Als ich dann nach Baltit zurückkehrte, kam mir das Leben dort üppig vor. Da wurde gestrickt und geflochten, gespon-

nen und gewoben, geschnitzt und gehämmert; ein alter Mann aber saß unter einem Aprikosenbaum und erzählte einer Schar von Kindern wilde Geschichten. Es war eine Ganzheit des Lebens, soviel Ordnung und Gleichgewicht zu spüren, wie ich es sonst nur selten erlebt hatte.

Almwirtschaft

Bei nahezu allen Bergvölkern – in den Anden, in Südtirol, im Himalaja und im Karakorum – wird Almwirtschaft betrieben. In 4930 m Meereshöhe steht in Lobuche am Fuße des Everest wohl eine der höchsten Almhütten der Welt. Darüber weiden dann nur noch die Yaks, jene genügsamen, langhaarigen Rinder, die sich in Jahrtausenden an den kargen Boden und die große Höhe angepaßt haben, so daß sie in den Niederungen nicht mehr leben können. Yaks halten die Bauern in Bhutan, im Wakhan, in Hunza und in den höchsten Tälern Nepals; sie liefern Milch, Wolle, Fleisch – das getrocknet und geräuchert wird – und Dung, der gedörrt als Brennmaterial Verwendung findet.

Ein Yak aus dem hohen Nepal

Alte Künste

In allen Berggegenden spürt man aus Hunderten von alten Künsten, Handgriffen und Arbeitsweisen, wie wenig die Menschen dort von der Technik abhängen. Sie haben gelernt, sich mit einfachen Geräten gegen die unwirtliche Natur durchzusetzen. Wenn sich die Bergbauern jetzt langsam der modernen Industriegesellschaft anzupassen versuchen, so ist das natürlich, und besonders dort, wo sie in enger Berührung mit den Städten leben, auch notwendig und sinnvoll. Dies jedoch nur, wenn sie die alten, einfachen Techniken – das Dengeln, das Weben, das Flechten von Körben... – nicht verlernen, wenn der Vater seinem Sohne trotz der Mähmaschine zeigt, wie man die Sense wetzt. Nur so bleibt der Bergbauer eigenständig, nur so kann er auf seine alten Künste zurückgreifen, wenn es sein muß. Dem Bauern geht es auch dann nicht gut, wenn er mit der Zeit Schritt zu halten weiß, es wird ihm aber nie schlechtgehen, solange er frei und unabhängig vom Fremdenverkehr ist.

Alter tibetischer Teppich

Milch und Butter

Es gibt Täler in den Bergen unserer Erde, wo die Butter ebenso wertvoll ist wie Gold, obwohl man sie nur in Birkenrinde wickeln kann. Die Art und Weise, wie die Milch verwertet und zu Butter geschlagen wird, ist verschieden. Man kennt sie aber fast überall. Auf den Südtiroler Hochalmen kann man heute noch den Senner und die Sennerin beim »Kübeltreiben« beobachten, die Sherpa stampfen gekochte Milch zu Butter, und in Hunza habe ich stundenlang bei einem Bauern gesessen, der die Milch in eine Ziegenhaut gefüllt hatte und nun abwechselnd das rechte, dann das linke Knie hob, so daß die Milch gleichmäßig durcheinandergeschüttelt wurde. Zu diesen Bewegungen schnalzte er mit der Zunge, zudem schlug er mit der linken Hand den Takt zu seinen rhythmischen Bewegungen.
Als ich wenige Monate später bei den Tibetern eine ähnliche Methode der Buttergewinnung entdeckte, war ich nicht wenig erstaunt.
Bei meiner letzten Karakorum-Expedition zum Hidden Peak

Bäuerin beim Weben, Hunza, Pakistan

hatten wir ein Dutzend Baltiträger dabei, die uns bis zum Basislager begleiteten. Sie ernährten sich fast ausschließlich von »Atta« (Mehl) und Tee, und das mehr als drei Wochen lang. Nur oben am kalten und steinigen Baltorogletscher backten sie ihre »Chapatis« in »Ghee« (Butterschmalz). Das gibt Kraft, sagten sie, und schützt vor Kälte.

HOCH ÜBERM INDUSKNIE

Sechsmal war ich inzwischen am Nanga Parbat. Die Bauern dort kennen mich, und ich kenne sie. Ich weiß, wo die Kinder hingehören und wer die Wege richtet. Manchmal habe ich ein Gefühl, als sei ich dort daheim. Und dies, obwohl ich vor gut zehn Jahren, beim Abstieg vom Berg, fürchtete, von diesen Menschen umgebracht zu werden.

Bauern rund um den Nanga Parbat

Isolierte Dörfer hoch über dem Indus

Staatsform/Politische Zugehörigkeit: Die Bergdörfer gehören zu Pakistan, sie unterstehen dem Gilgitdistrikt.

Größe des Volkes: In den Hochtälern leben ca. 2000 Menschen in etwa 25 kleinen Dörfern.

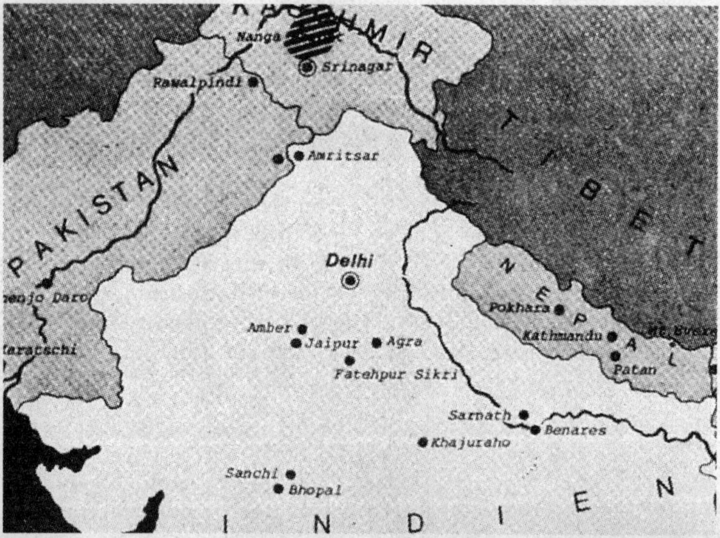

Meereshöhe: 2300 m bis 4000 m.

Klima: Kontinentales Klima, große Temperaturunterschiede. Vier Monate Winter mit Schnee.

Religion: Islam.

Sprache: Urdu, verschiedene Dialekte.

Wer das wüstenhafte Industal von Rawalpindi Richtung Gilgit aufwärts fährt und wenig nach Chilas erstmals den Nanga Parbat erblickt, hält es nicht für möglich, daß die Taleinschnitte, die zu seinem Fuße emporziehen, bewohnt sind. Alles ist kahl und steinig, nirgends kann das Auge auch nur eine grüne Oase entdecken.
Und doch gibt es diese Oasen. Hoch oben in den Tälern, dort, wo das Wasser in schmalen Gräben aus dem Gletscherbach zu den wenigen flachen Erdterrassen geleitet werden kann, hausen einige Bauern: völlig abgeschlossen von der übrigen Welt, arm und scheinbar ohne Zukunft. Im relativ breiten und reichen Astortal, im Rakhiot- und Diamirtal sowie einigen kleineren Tälern leben heute noch einige hundert Familien. Doch die Landflucht hat begonnen. Die meisten jungen Burschen aus dem Diamirtal zum

Der Nanga Parbat von Westen, Himalaja

Beispiel sind in die Niederungen abgestiegen, um bessere Lebensbedingungen zu suchen. Oben nämlich gibt es keinen Arzt und nur die Kräftigen überleben. Der Winter ist hart, dauert lang, und im Sommer wachsen nur Mais, Kartoffeln und etwas Getreide auf den steinigen Feldern. Die Hütten – aus Stein und Lehm erbaut – sind eng, rauchig und kalt. Auch wenn sich die Menschen hier an äußerste Armut gewöhnt haben, keine Seife zum Waschen haben und immer in denselben Fetzen herumlaufen, hoffen sie auf eine bessere Zukunft, sie hoffen, ändern aber nichts... Was sollten sie auch ändern? Nur den Sommer über, wenn sie fast alle auf die gemeinsamen Hochalmen ziehen, leben sie einige Wochen der Erleichterung: in höhlenähnlichen Holzhütten, bei Lassi, Honig und Fladenbrot. Die Männer drechseln Schalen und Schüsseln, die Mädchen sticken bunte Muster in ihre Häubchen, man geht auf die Jagd, und es wird ab und zu eine Ziege oder ein Schaf geschlachtet.
Aus vielen Kleinigkeiten – alter Silberschmuck, geschnitzter Hausrat – läßt sich erkennen, daß das Tal einmal reicher war.

Vater und Sohn im Rupaltal, Pakistan

Unsicherheit

Wir in Europa sprechen von der Zukunft oft so, als sei sie Vergangenheit; wir handeln, als wüßten wir, was in einem Jahr sein würde. Wir können deshalb das Leben dieser Menschen aus den höchsten Himalajatälern wohl nie nachfühlen. Diese wissen nicht, wo sie schlafen, wann sie ankommen oder wann sie heimkehren, wenn sie sich auf Wanderschaft begeben. Sie arbeiten zwar fleißig, sorgen vor, soweit es das Wetter und die Gesundheit erlauben, im übrigen aber ergeben sie sich passiv ihrem Schicksal wie der konservative Südtiroler Bauer. Vielerorts ist es allein das tiefe Bewußtsein, daß alles so sein muß, von Gott oder anderen Mächten so bestimmt, was sie dieses Leben ertragen heißt.
Für diese Menschen also hat der Gedanke an das Morgen immer etwas leicht Beklemmendes, Lebensangst aber haben sie nicht. Im Diamirtal zum Beispiel gibt es keine Lebensversicherung, keine Krankenkassen und keine Wohltätigkeitseinrichtungen. Trotzdem scheinen die Kinder dort mehr Geborgenheit zu atmen als die unseren.

Links: Bauer aus Nagaton im Diamirtal, der erste Mensch, dem ich nach meinem Abstieg vom Nanga Parbat begegnet bin

Unten: Wegkreuz in Südtirol

Landflucht

Es war an einem heißen Junivormittag, als ich eine gute Wegstunde oberhalb von Ser im hinteren Diamirtal plötzlich vor einem Bauern stand, der gerade sein Feld bewässerte. Er hockte da, zusammengekauert und mit bloßen Füßen zwischen den jungen Maispflanzen, grub winzige Furchen in die braune Erde und beobachtete hingebungsvoll das drekkige Wasser, wie es den Bahnen folgte, welche er gegraben hatte. Dabei war der Mann so in seine Tätigkeit vertieft, daß er mich nicht bemerkte, obwohl ich unmittelbar vor ihm stehen geblieben war und hörbar atmete.
Ich war vorher rasch gestiegen und hatte die Mäuerchen, die das steinige Erdreich stützen, meist in einem Satz genommen. Die wenigen Terrassenkulturen hier knapp unterhalb von Nagaton sind wohl die höchsten am Nanga Parbat.
Der Bauer vor mir mochte in der Frühe von der Alm abgestiegen sein, um seine zum Teil nur tischgroßen Felder zu bewässern. Unwillkürlich erinnerte er mich an meine Kindheit, wo wir bei unseren Sandspielen das Wasser durch kleine, mit dem Zeigefinger gegrabene »Bächlein« leiteten. Der Bauer hielt zwar eine fußgroße Hacke in der linken Hand, das Wasser aber dirigierte er mit der freien Rechten. Dabei waren seine Finger weich und gekrümmt, liebevoll strichen sie um die Stengel, ließen keine Handbreit Erdboden aus, so daß das Wasser, das auf fast viertausend Meter bei Nagaton gefangen und durch Gräben bis zu diesen Feldern geleitet wurde, zu den Wurzeln jedes einzelnen Pflänzchens gelangen konnte.
Erst als ich zwei oder drei Schritte weitergegangen war, sah der Mann plötzlich auf... und hatte dabei einen glücklichen Ausdruck.
Ebenso glücklich schien er, als ich ihn ein Jahr später in Gilgit wiedersah. Er kam auf mich zu, erkannte mich und umarmte mich wie einen guten Freund. Er erzählte mir dann, daß er seine Felder aufgegeben, das Diamirtal für immer verlassen und in die Stadt abgestiegen war, weil es oben kein Auskommen mehr gäbe.
An seinem Äußeren hatte sich wenig geändert. Er hatte sich zwar den Bart abgenommen, und an seinen Händen fehlten

Vorhergehende Seiten: Frau mit Kind auf dem Weg zu den Hochalmen am Nanga Parbat, Pakistan

Rechts: Junger Bauer beim Bewässern seiner Felder, Diamirtal am Nanga Parbat

die Schwielen, die weiten, schlottrigen Leinenkleider aber schienen noch von damals zu sein. Nur in den Augen vermißte ich jene Ruhe und Hingabe, die mich oben unter den Gletschern des Nanga Parbat so froh gestimmt hatten. Wir saßen dann lange in einem jener engen Räume, die man dort Hotels nennt, zusammen und tranken Tee.
Er erzählte mir, wie schwer es hier für ihn sei, Arbeit zu finden und wie gerne er mich ins Diamirtal begleiten würde, als Träger oder als Führer. Er wolle nicht im Tal oben bleiben, nur noch einmal hinaufsteigen, sein Dorf, seine Felder wiedersehen...

Winter

Es war ein Morgen im späten Herbst, bewölkt, neblig und noch dunkelnd. Vor der Lehmhütte, in der ich mit meiner Frau genächtigt hatte, lag schmutziger Schnee. Auf der Türschwelle gegenüber – mit einem Fell belegt – saß und ruhte eine Alte. Vor ihr – auf den wenigen trockenen Flecken – hockten ein paar Kinder im Halbkreis am Boden, die sichtlich froren. Trotzdem johlten sie, schwatzten über den ersten

Rechts: Wintereinbruch in Ser, dem höchsten Dorf im Diamirtal, Pakistan

Unten: Südtiroler Berghof im Winter

Schnee und bestürmten die Alte mit Fragen. Diese aber saß nur da, weißgelbes Haar hing in dünnen Strähnen um das lederne, weitsichtige Antlitz. Sie starrte in den kaltfeuchten Nebel, der mit einzelnen Flocken durchmischt war, und hinter ihrer Stirn erwachte die Erinnerung und der Geist des Winters in den Bergen.

Bevor die Zeit sie einholt

Mein Wunsch, diese Bergvölker kennenzulernen, bevor die Zeit sie einholt, ist groß. Und ich weiß, daß ich mit jedem Besuch in Hunza oder Baltistan beitrage an einer stetigen Veränderung, am Verfall der jeweiligen Kultur. Ich weiß aber auch, daß dies meine Welt ist und dieses mein Jahrhundert. Also reise ich, mir bewußt, daß ich überall dort, wo ich nicht aufgewachsen bin, ein Kolonialist bin. Ich bemühe mich nur, die Lebensgewohnheiten der Einheimischen zu respektieren und in der Fremde so zu leben, wie diejenigen es tun, die dort daheim sind; ich schlafe in ihren Lehmhütten und ernähre mich aus dem Lande.

Es wäre übertrieben, würde ich heute von einem Massentourismus bei den Bergvölkern reden, obwohl sich dieser bis an den Rand des Himalaja vorgeschoben hat. Kathmandu in Nepal, Wamena in Neuguinea, Cuzco in den Anden sind nicht selten von großen Reisegruppen übervölkert. Die entlegenen Hochtäler aber, wo es weder Straßen, Flugplätze noch Hotels gibt, werden nach wie vor nur von Treckern oder Abenteurern durchstreift. Ich weiß, daß es noch viele kleine Weiler am Fuße der großen Berge gibt, die noch kein Tourist besucht hat, die auf keiner Karte eingezeichnet sind und wohl lange noch unberührt bleiben werden.

DIE WILDEN BALTI

Immer, wenn eine Gruppe von Baltiträgern den sicheren Boden verläßt, um auf dem gefährlichen Gletscher weiterzugehen, rufen sie Ali an, einen ihrer Propheten. Ihr Gesang hallt aus allen Felswänden wider, und es ist, als wollten sie den Tod vertreiben. In der Gruppe fürchten sie sich vor nichts und haben schon einige Expeditionen durch Streiks gezwungen, aufzugeben.

Die Balti

Armes Bauernvolk zwischen Indus und Karakorum

Staatsform/Politische Zugehörigkeit: Das früher selbständige Baltistan gehört heute zu Pakistan (Hauptstadt: Skardu).

Größe des Volkes: Ca. 20000 Bauern, Hirten und Träger.

Rechts: Trägerkarawane am Baltoro-Gletscher im Karakorum, Pakistan

Meereshöhe: 2200 m bis 3500 m.

Klima: Kontinental, kein Monsun. Im Winter fällt die Temperatur bis auf –10 Grad Celsius, die Familien ziehen sich dann für 5 bis 6 Wochen in ihre Häuser zurück.

Religion: Islam.

Sprache: Baltisprache (Balti-Tibetisch).

Das Baltivolk, seit dem Verfall der Karawanenwege über die Karakorumpässe, besonders über den Mustag La, isoliert und verarmt, gilt heute als minderwertiges und schmutziges Volk. Diese Prädikate verdanken die Balti den vielen Expeditionen, bei denen eine beträchtliche Anzahl von ihnen als Träger gearbeitet haben.
Im Grunde haben die Balti aus den Bergen einen ehrlichen, gutmütigen Charakter, sie sind arbeitsam, zäh und sangesfreudig.
Mit viel Mühe haben sie den steinigen Boden in der Nähe der Gletscher so weit bearbeitet, daß er ein bescheidenes Leben gestattet. Sie bauen etwas Getreide, halten auf den kahlen Hängen Schafe, Ziegen und Rinder.

Texte zu den folgenden Farbseiten:

1. Bäuerin beim Brotteigkneten, Wakhan, Afghanistan (siehe Text Seite 17)

2. Ich konnte dieses Mädchen in Hunza beim Salzstampfen fotografieren, ohne daß sie es merkte, so vertieft war sie (siehe Text Seite 27)

3. Der berühmte Hochträger Isar Khan, Bauer aus Hunza (siehe Text Seite 36)

4. Ein Balti-Bauer putzt sich mit Pfefferminzblättern die Zähne, Baltistan, Pakistan (siehe Text Seite 74)

5. Maksi Penjo Ongdi und seine Frau Deki Choden aus Bhutan (siehe Text Seite 87)

6. Kinder aus dem Baruntal beim Reisessen, Nepal (siehe Text Seite 96)

7. Unsere Trägerinnen benützen die Rast, um sich gegenseitig zu entlausen, Makalu-Expedition 1974, Himalaja (siehe Text Seite 103)

8. Täglich umkreist diese alte Tibeterin die Manimauer von Jawalakhel, Nepal (siehe Text Seite 126)

In den Gletschertälern leben sie teilweise in primitiven Steinhütten, ihr Lebensstandard ist auch für Berggebiete unvorstellbar niedrig. Werkzeug und Geräte sind aus Holz, Eisen, aus der Haut der Tiere und Schalen von Kürbissen. Sie kleiden sich in Felle, weite Leinenhosen, der eine oder andere besitzt eine zerrissene Joppe von früheren Expeditionen. Schmalz und Mehl, die wichtigsten Nahrungsmittel, dienen auch als Tauschobjekte in Skardu oder Shigar.
Das Gletscherwasser ist der Lebensnerv der meisten Baltidörfer. In einem weitverzweigten System von Gräben werden die Terrassenfelder bewässert. Nach alten Rechten werden die »Weichen« von Zeit zu Zeit umgestellt, um in regelmäßigem Turnus jedem Feld Wasser zukommen zu lassen. Dies zu regeln ist Aufgabe des Lambardars, des »Bürgermeisters«, während über die Rechte der Familie und die allgemeinen Sitten der Mullah, der Dorfgeistliche, wacht. So müssen zum Beispiel die Frauen ihr Gesicht vor den Fremden verbergen.
Um einer allzugroßen Hungersnot entgegenzuwirken, wandern heute alle Jahre zahlreiche junge, unternehmungslustige Burschen aus, sie suchen in den Niederungen ein besseres Auskommen. Die Landflucht hat auch hier schon vor Jahren begonnen.

Sauberkeit

Die Großmutter brachte uns, als wir im Sommer bei ihr die Ferien verbrachten, nach dem Aufstehen eine Schüssel mit lauwarmem Wasser in die Küche. Wir wuschen uns Gesicht und Hände damit. Ähnlich machen es die Bergbewohner in Pakistan und Nepal. Nur an heißen Quellen habe ich dann und wann einen ein Bad nehmen sehen.
Ich selbst aber, monatelang im Gebirge unterwegs, kam öfters schon in die nächstgelegene Stadt zurück, ohne in der Rezeption meines Hotels wiedererkannt zu werden. So dreckig und verwildert sah ich aus. Oft ist da oben nur die Sonne Ersatz für die Seife.

Tanz und Spiel

An jenem Morgen waren in Gilgit die stärksten Männer der ganzen Umgebung zusammen-

Vorhergehende Seite: Balti-Bauer aus Askole im Karakorum beim Waschen

Rechts: Ein Rai-Mädchen wäscht sich am Dorfplatz die Haare, Nepal

gekommen, um sich im Ringkampf zu messen. In den Straßen herrschte noch lebhafteres Treiben als sonst, und die Luft zwischen den zahlreichen Bazars war geschwängert von Erwartungen.
Am Nachmittag endlich – alles Volk war auf den Poloplatz geströmt – wirbelten die Trommeln, ertönte ein Horn, und die »Gladiatoren« – in kostbare, bunte Kleider gehüllt – traten ein. Was nun folgte, glich anfangs eher einem Tanz, einer rituellen Handlung und erinnerte oberflächlich betrachtet an die Tänze in Bhutan. Die Ringer, die zu zweit auf die Wiese getreten waren, ließen zuerst ihre Muskeln spielen, auf Geheiß eines »Schiedsrichters« gingen sie – offensichtlich genaue Regeln befolgend – auf-

einander los. Zuerst war es mehr ein Schieben und Kräftemessen, dann ein Ausspielen von Griffen und Tricks, plötzlich flog einer durch die Luft, und der andere stieß wilde Schreie aus. Diese Schreie und Bewegungen glichen den Kriegstänzen der Danis. Ansonsten sind solche Wettkämpfe eine recht bewegte und muntere Angelegenheit. Jeder Ringkämpfer hat eine Gruppe von Zuschauern hinter sich, die ihn anfeuern, und immer dann, wenn der Gegner zu Boden geht oder auch nur in die Defensive gedrängt wird, veranstalten sie einen wilden Tanz. Also nicht nur die Ringer, auch die Zuschauer ließen mich ahnen, daß es von diesem Fest bis zum Krieg nur ein kleiner Schritt war.

LETZTE HOCHBURG DES LAMAISMUS

Ladakh ist ein ödes Land. Pastelltöne, keine grellen Farben. Nur in der Nähe der Klöster lebt diese Wüste. Das Land gehört großteils den Klöstern, und die Menschen hier leben noch vielfach im Schutz dieser Klöster, in denen Mönche die Druckstöcke für die Bücher schnitzen. Tausend Jahre und älter sind die Wandmalereien an den Tschörten, die wie Marksteine am Rand kilometerlanger Gebetsmauern stehen; Zeugen einer lebendigen Religion in dieser letzten Hochburg des Lamaismus.

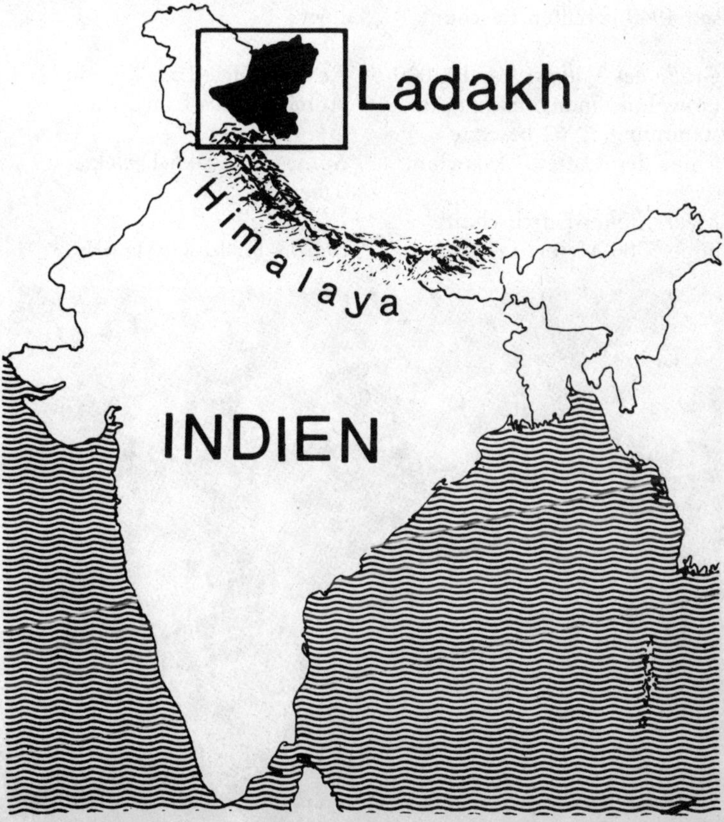

Die Ladakhis

Mönchsstaat am Oberlauf des Indus

Staatsform/Politische Zugehörigkeit: Ladakh ist heute ein Distrikt des indischen Bundesstaates Dschammu und Kaschmir. Etwa 90000 qkm groß, war Klein-Tibet (»Tschota-Tibet«) dem östlichten Nachbarn Tibet enger verbunden als dem seit 1949 geteilten Kaschmir.

Größe des Volkes: Ca. 100000 Einwohner mongolischer Abstammung. 1962 besetzte China den Ostteil Aksai chin.

Meereshöhe: Durchschnittshöhe 5300 Meter; Leh, die Hauptstadt, 3500 m hoch, hat etwa 8500 Einwohner.

Klima: Ladakh ist ein karges Gebirgsland; es gehört zur ariden, trockenen Klimazone des tibetischen Hochlands, das im Regenschatten des Himalaja liegt.

Religion: Die Ladakhis sind Anhänger des Lamaismus.

Sprache: Ladakh-Dialekte; Tibetisch.

Ladakhis bei der Rast, Ladakh

Kloster Lamayuru bei Leh, Ladakh, Indien

In Klein-Tibet lebt die lamaistische Religion, die tibetische Form des Buddhismus, reiner fort als sonstwo. In 240 Klöstern, über den nördlichsten Zipfel Indiens verstreut, meditieren zehntausend Mönche. Seit dem Bau der Straße von Srinagar nach Leh ist es zwar mit der Weltabgeschiedenheit Ladakhs vorbei, Wellblechhütten stehen neben alten Tempeln, aber die tibetische Kultur blüht weiter. Der alte Palast der Könige von Ladakh in Leh ähnelt dem Potala, der Palastburg über Lhasa. Darunter schmiegen sich, eng aneinandergebaut, die Häuser der Stadtbewohner. In den Klöstern hängen Hunderte Thangkas, Altarbilder, die mit roten, blauen und gelben Borten aus Brokat und Seide eingefaßt sind. Himmel, Luftraum und Erde sind mit Naturfarben dargestellt. Weniger prunkvoll leben die einfachen Ladakhis in ihren Bergdörfern und Nomadenzelten. Trotzdem sind sie gastfreundlich, von beneidenswerter Heiterkeit, nichts hassen sie mehr als den Minderwertigkeitskomplex der Armut.
In Ladakh wachsen Buchwei-

Mönche bei einem kontemplativen Gottesdienst in Ladakh. Die Sitzordnung der Lamas drückt die Rangfolge aus. Erhöht das Bild des Dalai Lama

zen, Kartoffeln, Mais und Gerste. Aber ohne künstliche Bewässerung wächst da oben nicht viel. Wie in Hunza wird auch hier das kostbare Wasser aus den Bergen nach einem bestimmten Schlüssel unter den Bauern verteilt. Die Aprikosen gehören allen gemeinsam. Gartengroße Felder sind mit Steinmauern umgeben und so vor Stürmen und Sturzwasser geschützt. Die Häuser sind aus luftgetrockneten Lehmziegeln erbaut. Auf den flachen Dächern sind Holz und Yakmist gestapelt, spielen die Kinder. Man ernährt sich noch wie im alten Tibet: Thugpa, ein Eintopfgericht aus Mehlklumpen, Fett und Rüben; Butter – Tee; Momos, kleine, mit Fleisch gefüllte Teigklöße; Tsampa, geröstetes Gerstenmehl, das mit ranziger Butter verrührt wird, sind die Hauptgerichte.

Zu den großen religiösen Festen bekommt die arme Bevölkerung in den Klöstern auch Tormas, Kegel aus Teig und Zucker. Die Lama-Priester, als

Dämonen des Sterbens verkleidet, tanzen dabei das Ballett des Todes, ein Beweis dafür, daß eine große alte Kultur noch lebt.

Schmuck

Wie diese Ladakh-Frauen zeigen alle Mädchen in den Bergen ihren Schmuck, damit auch ihren Reichtum. Der Perag, der flache Kopfschmuck aus Filz und Leder, den oft Hunderte von Türkisen zieren, ist typisch für die Frauen in Ladakh. In Baltistan hingegen habe ich Mädchen vorbeihuschen sehen, die sich aus Konservendosen und Plastikmüll – Überbleibsel von Expeditionen – Broschen und Kopfschmuck angefertigt hatten. In Tibet, seit der Besetzung durch die Chinesen kulturell verarmt, tragen die Frauen, die seit jeher ihr Geschmeide gern zeigten, kaum noch Kopfschmuck, aber silberne Halsketten, Armreifen und Fingerringe in allen Variationen. Jede protzt mit dem, was sie hat, was nach Kulturrevolution oder Flucht noch übriggeblieben ist. Am Gürtel, auf Lederriemen, an einer Schnur aneinandergereiht hängen sie glückbringende Kaurischnecken, wie sie die Danis in Neuguinea auch tragen.

Korallen, Bernstein und Halbedelsteine in Ladakh, Nepal und Tibet, feine selbstgestickte Schultertücher in Südtirol. Das ewig-weibliche Kokettieren mit Schönheit und Reichtum ist ein verbindendes Element auch unter den Bergvölkern. Überall wird der prachtvolle Schmuck durch Generationen vererbt. Gold, Silber, Seide, Edelsteine, Brokat und Leinen, die Materialien, aus denen Schmuck gefertigt wird, gelten auch als Sparkasse. Generationen haben die Türkise und Korallen zusammengetragen, die die Ladakh-Frauen auf ihren eigenwilligen Hüten »ausführen«, Erbstücke, die auch die soziale Stellung der Trägerin zeigen sollen.

Das Gold stammt aus den Flüssen, das Silber aus den Minen, die Türkise aus den Bergen des Landes.

VERBOTENES BHUTAN

Mein Freund Oswald Ölz hat anläßlich seiner Hochzeitsreise auf eine private Einladung des Königs von Bhutan hin eine Expedition in die Bergwelt dieses wohl am wenigsten erforschten Himalajastaates unternommen. Während seine Frau Ruth nicht gerade begeistert von dieser Reise war, wo sie bei nur Reis und Chili beinahe verhungert wäre, erzählte mir Dr. Ölz auf unseren gemeinsamen Expeditionen fasziniert von den Bauwerken, den Töpfen und Werkzeugen, wie wir sie in klimatisch ähnlichen Gegenden Nepals öfters antrafen.

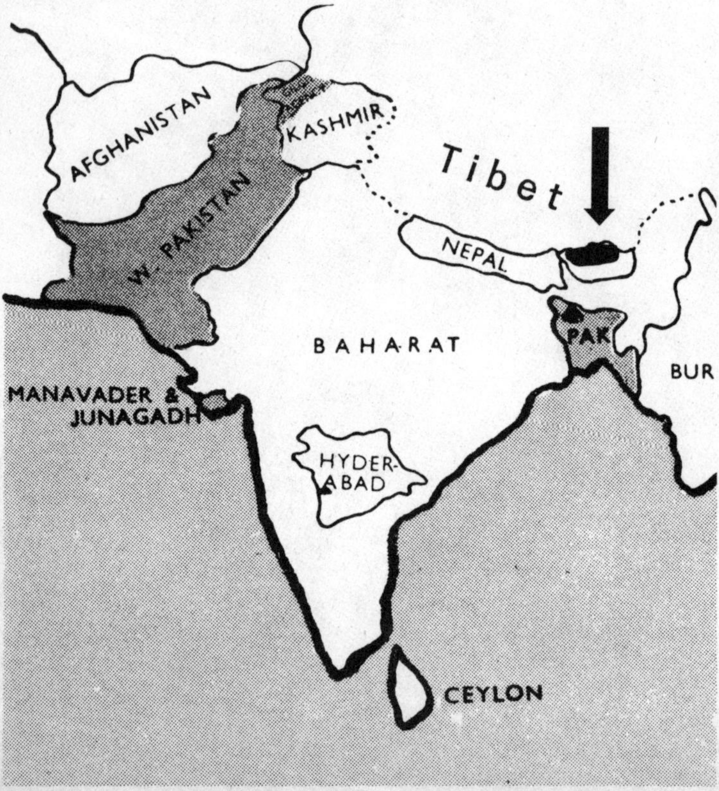

Die Bhutanesen

Das geheimnisumwobene Volk der 100 000 Mönche

Staatsform/Politische Zugehörigkeit: Eigenständiges Königreich im Himalaja, zwischen Assam und Tibet gelegen. Hauptstadt: Thimbu.

Größe des Volkes: Ca. 1 000 000 Einwohner, davon etwa 100 000 Mönche.

Meereshöhe: 1200 m bis 4500 m.

Klima: Das Klima ist gemäßigt, die Monsunregen erreichen hier Rekorde, 13 l ist Niederschlagsdurchschnitt.

Religion: Buddhismus, teilweise noch Überbleibsel der Bonreligion.

Sprache: Bhutanesische Dialekte.

Die Bhutanesen – mit den Tibetern eng verwandt – leben, abgesehen von den wenigen Ortschaften, die inzwischen durch Straßen miteinander verbunden sind, heute noch wie im Mittelalter. Das Land des Drachen war bis Ende der fünfziger Jahre ohne Straßen und ohne Kontakte zur Außenwelt. So haben sich die Bhutanesen zwischen dem Einflußbereich Tibets, dem Land des Schnees, und den warmen Tropen bis heute als eigenständiges Bergvolk erhalten, das von der Welt jenseits ihrer Gebirgsketten nichts ahnt.

Die Bhutanesen haben eine robuste Konstitution, sie sind kräftig, gesund und auch sauber. Ihre Haut ist heller als die der Tibeter, die Nase schmal und lang, und sie haben Augen wie Mandeln, jedoch ohne Mongolenfalte. Eine Ausnahme bilden hier die Drokpas, nomadische Viehhirten, die stark ausgeprägte mongolische Züge haben. Diese hochgewachsenen, starken bhutanesischen Nomaden bleiben immer auf den hohen Bergrücken, wo sie Schafe, Kühe, Yaks und Dzos halten und in Stoffzelten aus Yakhaar hausen.

Alle aber sind stolz und selbstbewußt, sie verachten die in den Niederungen lebenden Völker. Wie die Tibeter sind sie lustig und völlig ungehemmt. Sie ernähren sich hauptsächlich von gekochtem Reis mit Chili, Kartoffeln und Buchweizen, Gerste und Hirse. Sie trinken Buttertee und Tschang.

Siebentausender im östlichen Nepal, Himalaja

Die Männer tragen alle Kos, lose übereinandergeschlagene Rockmäntel, die durch einen Gürtel zusammengehalten werden. Die Frauen, mit ihren Seidenblusen und der kurzen Haartracht, haben im Gegensatz zu anderen orientalischen Frauen einen sehr hohen Rang und eine aktive Rolle in der Gesellschaft. Bhutan ist ein religiöses Land. Überall verraten Gebetsfahnen mit ihrem schmetterlingshaften Geflatter sowie mehr als dreißig Klöster den Glauben der Bewohner. Die Architektur ist streng und einfach, elegant und harmonisch.

In Bhutan sind alle Menschen gleich und frei, abgesehen von der königlichen Familie gibt es keinen Adel.

Rast am Karukachu La

Rinche, unser Begleiter aus Gogona, lachte zufrieden. Er zeigte eine Reihe dunkelroter Zähne, gefärbt vom ständigen Kauen der Betelnuß. Seit vielen Stunden war er barfuß mit uns durch knietiefen, teils gefrorenen Schnee zum 5200 m hohen Karukachu La gestiegen. Er spürte weder Kälte noch Müdigkeit und war glücklich, uns zum vorläufig höchsten Punkt unserer Reise gebracht zu haben. Schnell hatte er mit getrocknetem Yakmist ein Feuer entzündet und begann nun zu kochen, dabei murmelte er Gebete. Er war ein frommer Mann, und wir hatten ihn schon halbe Nächte beten gehört. Die einzige Gefahr für seine religiösen Übungen lag im Alkohol. Wenn eines der Dörfer, durch die wir kamen, über einen genügenden Vorrat von Tschang oder Rakshi verfügte, ruhte Rinche nicht, bis diese Köstlichkeiten auch wirklich in unserem Besitz waren. Bei den folgenden unvermeidlichen Trinkgelagen zeigte er sich ausdauernd, seine Augen glänzten, und er sang hingebungsvoll. Hier auf diesem Himalajapaß aber waren alkoholische Gefahren fern, und es war in Anbetracht der Nähe der Götterthrone sicher angezeigt, möglichst guten Kontakt mit den überirdischen Mächten zu pflegen.

Mit einem freundlichen Lächeln bekamen wir eine Schale dampfenden Buttertees. Aus Rücksicht auf unseren seltsamen Geschmack hatte Rinche nicht ranzige, sondern mehr oder weniger frische Butter verwendet, was für sein Emp-

Kloster Taktshang in Westbhutan

finden allerdings eine Barbarei bei der Teebereitung darstellte. Es begann zu schneien, und Talme, der Mann aus Laya, dem unsere Tragyaks gehörten, mahnte zum Aufbruch. Eine riesige Narbe entstellte seine rechte Gesichtshälfte. Vor ein paar Jahren hatte ein Bär eines seiner Felder verwüstet, und Talme hatte das Tier ertappt. Statt die Flucht zu ergreifen, hatte Talme das Tier mit seinem Messer angegriffen und es getötet. Die Wunden, die er davontrug, heilten nach Monaten, und er würde auch vor dem nächsten Bären nicht davonlaufen.

Trotz seiner Kämpfernatur war Talme heiter und warmherzig. Er war in wenigen Tagen mein Freund geworden, er schätzte mich vermutlich auch, da ich ihn mit einigen Spritzen von einer lästigen, angeblich indischen Krankheit befreit hatte. Mit seinem zahnlosen Mund begann er allabendlich zu beten. Er glaubte, daß ihm nach tausend Gebeten in einer Nacht neue Zähne wachsen würden. Tschang und Rakshi, die er heiß liebte, unterbrachen jedoch stets seine frommen Litaneien, und so zog er allmorgendlich mit schwerem Kopf und zahnlosem Mund weiter.

Während wir in das Tal von Lunana hinunterstiegen, dachte ich nach, ob diese mittelalterliche, aber heitere Lebensweise auch in Zukunft erhalten bleiben würde.

Hatte man nicht dem ersten Jeep, der 1962 die Hauptstadt Thimbu erreichte, ein Festessen vorgesetzt, da man glaubte, das große Tier müsse von der langen Reise hungrig sein?

Dr. Oswald Ölz

Reich sind nur Klöster und Götter

Auf die Frage eines chinesischen Eroberers an die Tibeter, wer denn der reichste Mann im Lande sei, nannten diese einen Ringboche, der immer aus ein und derselben Tsampaschale aß, ohne daß sie leer wurde.

Der Nachfolger dieses großen Lamas lebt heute in Bhutan, wo es zahlreiche Klöster, Tausende von Mönchen und Abertausende von Thangkas gibt, bunte Gebetsbilder, auf denen Millionen von Gottheiten dargestellt sind. Diese sind für das einfache Volk beseelte, reale Wesen, und man bringt ihnen kunstvoll verzierte Speisen als Opfergaben dar, die die übernatürlichen Kräfte beruhigen und gütig stimmen sollen. Die Klöster, wirtschaftlich unabhängige Gemeinschaften, leben von Ländereien, die ihnen der Staat oder Laien überlassen ha-

ben, von Handelsgeschäften im In- und Ausland, dem Verleih von Geld gegen Zinsen und nicht zuletzt von den Abgaben der bäuerlichen Bevölkerung. Für viele Bauern, sowohl in Bhutan als auch in Südtirol, ist es eine Selbstverständlichkeit, ab und zu einem Kloster oder einem Geistlichen wertvolle Geschenke zu überreichen – als Ausdruck der Verehrung oder als Bezahlung für einen religiösen Dienst.

Nicht selten verschenkten die Bauern ihr Kostbarstes, ja ihren gesamten Hof an eine geistliche Institution, und dies freiwillig und ohne äußeren Zwang, auch wenn sie ihre Kinder fortan in Lumpen kleiden mußten.

IM HOHEN NEPAL

Im Rahmen von vier Himalajaexpeditionen durch vier verschiedene Täler Nepals habe ich zwar in jedem Tal eine andere charakteristische Hausform vorgefunden, überall aber die gleiche Gastfreundschaft, die gleiche Freundlichkeit. Am Fuße des Himalaja spürte ich wenig von jenen Eigenschaften, die für die meisten Orientalen typisch sind, hier fühlte ich mich wie zu Hause.

Die nepalesischen Bergbauern

Ungezählte Terrassen über Hügeln und Tälern

Staatsform/Politische Zugehörigkeit: Königreich Nepal; Hauptstadt: Kathmandu.

Größe des Volkes: Ca. 6500000 Nepali leben im Bergland; diese gehen auf mehrere Völkerstämme zurück, die sich inzwischen vermischt haben.

Meereshöhe: 1400 m bis 3500 m.

Links: Heilige Kuh auf dem Gemüsemarkt in Kathmandu, Nepal

Unten: Trägerrast in Pheriche unter dem Ama Dablam, Nepal

Klima: Subtropisches Klima in Zentralnepal, alpines im nördlichen Nepal mit Monsunzeit von Juni bis September.

Religion: Hinduismus und Buddhismus.

Sprache: Gurkhali, indo-nepalesische Sprachen und Dialekte.

Die nepalesischen Bauern der verschiedenen Täler und Gegenden unterscheiden sich oft stark voneinander: äußerlich, im Dialekt, in der Lebensart,

den Sitten und Gebräuchen, der Religion und der Kleidung. Auch die Form der Häuser – bedingt durch Klima und Bodenverhältnisse – ist verschieden.

Es dominiert das Mongolenauge, obwohl nicht alle Nepali mongolischen Ursprungs sind. Im allgemeinen ist der Nepali gesellig, gläubig und sehr fleißig. Auf ungezählten Terrassen baut er Reis, Getreide, Kartoffeln, in den tieferen Tälern hält er Kühe und Wasserbüffel, höher oben Yaks. Auffallend bei den Nepali ist ihre Kinderliebe, meist führen sie ein harmonisches Familienleben. Die früher häufig gepriesenen Eigenschaften wie Treue und Verläßlichkeit, Ehrlichkeit und Unbestechlichkeit mögen in den vergangenen Jahrzehnten wohl unter dem Tourismus gelitten haben, der das Land zu überfluten begann.

Geblieben ist hingegen die Gastlichkeit, die Spielleidenschaft, außerdem trinken sie recht gerne.

Der nepalesische Bauer braut eine Art Bier (Chang) aus Hirse, Gerste oder Mais. Stärker und ebenso beliebt ist der Rakshi, ein Arrakschnaps, der aus Kartoffeln gewonnen wird. Der Versuch, die Bauern Nepals intensivere Landwirtschaft zu lehren, stößt auf beträchtlichen Widerstand. Nepal war bis 1951 von der Außenwelt völlig abgeschlossen, und es wird noch Jahre dauern, bis die Entwicklungshilfe alle Vorurteile abgebaut haben wird.

Der Tourismus hingegen, heute schon der wichtigste Devisenbringer des Landes, gibt Tausenden von Bergbauern zwischendurch Arbeit und Nebenverdienst: als Lastenträger, Trekkingkoch oder Gastwirt. Ohne Tourismus können viele Nepalesen heute gar nicht mehr leben.

Der Bevölkerungsdruck ist auch in diesem Himalajastaat so stark, daß neben der Landwirtschaft weitere Verdienstmöglichkeiten gefunden werden mußten. Es wäre ein Verbrechen, Fabriken und Autostraßen in die Bergtäler Nepals zu bauen.

Das Handwerk

Die Werkzeuge mögen verschieden sein, wenn auch nach meiner Erfahrung nur geringfügig, die Ergebnisse aber sind sich ähnlich: in Bhutan, den Alpen oder in Hunza. Ich habe in den Bergtälern Pakistans Spaten und Pflüge gesehen, die denen der höchsten Alpentäler aufs Haar glichen, und habe in Nepal über Schindeldächer und

Töpfer bei der Arbeit, Aruntal, Nepal

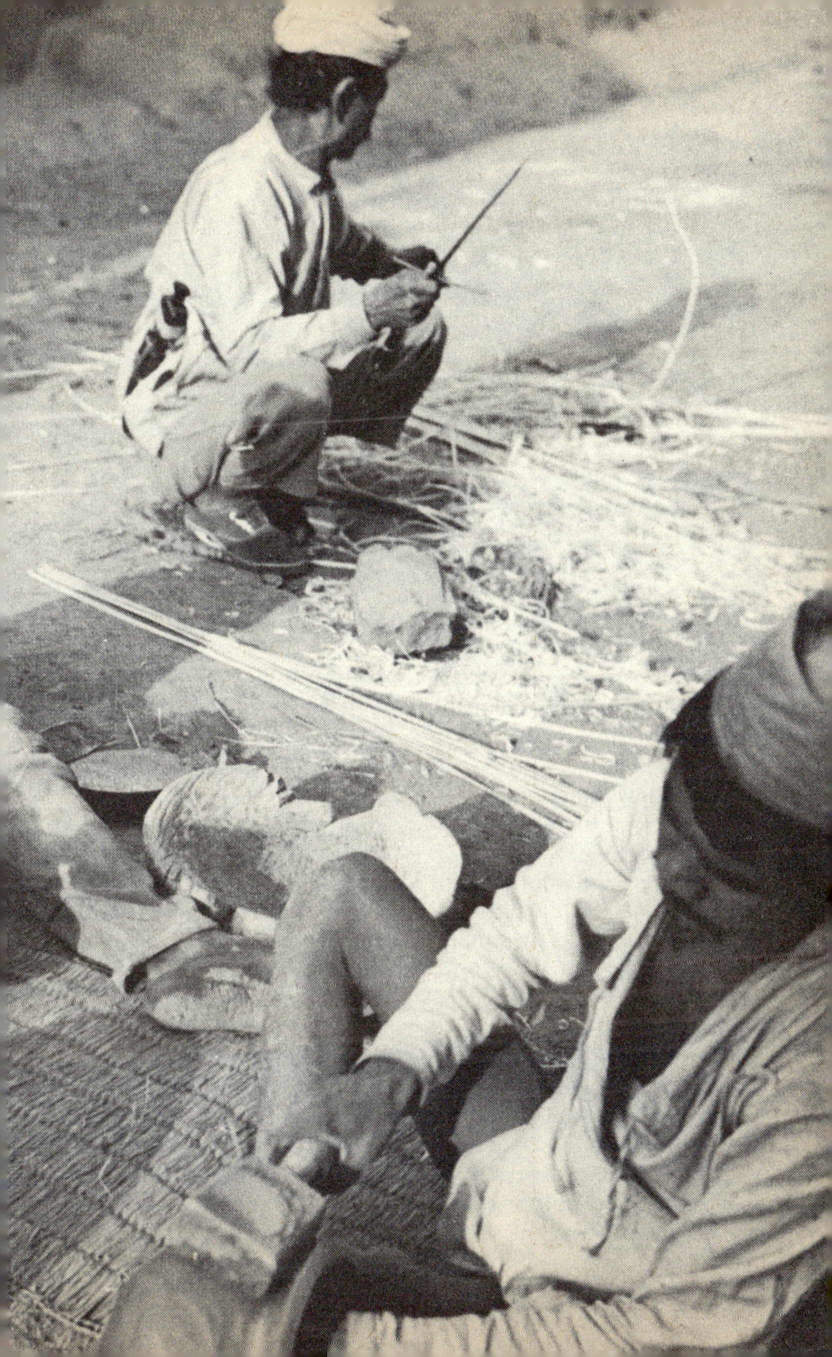

Fensterrahmen gestaunt, die ein Zimmermann aus meinem Heimattal hätte gemacht haben können.
Vieles Handwerkliche in den Häusern ist kunstvoll. Die Schönheit der einzelnen Gegenstände beruht wohl auf der Summe der Liebe, die die Handwerker auf sie verwandt haben, Männer, die ihre Kunst wie eine Religion weitergeben. Töpfe formen, Bogen schnitzen, Sensen dengeln, das alles sind handwerkliche Überlieferungen, die mit dem Rhythmus, dem Leben dieser Menschen in Einklang stehen. Formen und Muster sind seit langem zu einem Ritual geworden.

Oben: Gangros, handgetriebene Wasserkrüge aus Messing und Kupfer, Nepal

Rechts: Pilger in Muktinath, Nepal

Arm und reich

Zu besonderen Anlässen, bei religiösen Festen meist, wird den Göttern geopfert und werden die Armen gespeist – reichlich versorgt mit den Gütern der Reichen: Tormas, bizarre Gebilde aus Teig, Zucker und Butter, kunstvoll geformt, sind es im Sherpa-Land und in Ladakh; Fleisch ist es in Nepal. In Südtiroler Bergdörfern ist es in den Weihnachts- und Neujahrstagen üblich, die Armen zu Tisch zu laden.

Ohnmacht

Auf dem Heimweg vom Makalu hatte ich mich in ein kleines Dorf unterhalb von Sedoa verirrt. Ich war in ein Haus getreten, um zu fragen, wo der Weg zu finden sei, den ich eine halbe Stunde vorher im kniehohen Mais verloren hatte. Die Frau des Hauses bot mir in einem zerbeulten Aluminiumbecher, der wohl von einer früheren Expedition stammte, Chang an, das Reisbier der Sherpa. Sie ging dann hinaus, um ihren Mann zu holen, der gerade einen steinigen Acker pflügte. Er ließ die beiden Ochsen im Schatten eines Kastanienbaums stehen, kam in den rauchigen Raum und aß, nachdem er mir Auskunft erteilt hatte, einige gekochte Kartoffeln, die ihm seine Frau hingestellt hatte. Während ich meinen Chang austrank, bemerkte ich eine bedrückte Stimmung im Haus. Sogar die Augen des Knaben, der vor dem Eingang Mais auslöste, sahen mich vorwurfsvoll an. Ich fühlte mich unbehaglich und wollte mich auf den Weg machen. Als ich mich aber erhob, stand auch der Hausvater auf, ein Wink bat mich, ihm zu folgen. Er ging mir voran in ein kleines Ne-

Bergbauernkind aus der Nähe von Sedoa beim Maisauslösen, Nepal

benhaus, eher eine Hütte als ein Haus, wo er auf ein Mädchen zeigte, das halb hockte, halb saß und leise wimmerte. Der Mann sah mich an, hob dann den Rupfensack, mit dem das Mädchen zugedeckt war, und in wenigen Augenblicken hatte ich alles begriffen.
Das Mädchen war von der linken Schulter bis zum Schenkel von einer einzigen Narbe bedeckt, aus der da und dort Eiter und Blut quollen, eine Brandwunde, wie ich sie vorher noch nie gesehen hatte. Die Arme war wohl im Schlaf ins offene Feuer gerutscht und wurde nun von Wundfieber und Schüttelfrost gepeinigt. Ich wußte, daß sie bald sterben würde, falls kein Arzt käme, und ich verstand die Bitte in ihren Augen. Im Wissen, daß es weit und breit keinen Arzt gab – unser Expeditionsarzt war bereits nach Kathmandu vorausgeeilt–, und in der Verzweiflung, nicht helfen zu können, wurde mir ganz elend zumute. Ich, der ich gewohnt war, nur das Gute und Schöne in diesen Bergtälern zu sehen, wurde so brutal mit dem harten Leben dieser Menschen konfrontiert, daß ich in eine bedrückende Resignation verfiel. Ich verstand, daß viele dieser Bergbewohner fliehen würden, wenn sie nur wüßten wohin, und ich erinnerte mich daran, daß mich einige Sherpa gebeten hatten, sie mit nach Europa zu nehmen. Wie oft hatte ich den Neid der Einheimischen unserem Leben gegenüber gespürt, wie oft den Versuch der Nachahmung beobachtet. Nun aber überkam mich eine grenzenlose Scham ob meiner Hilflosigkeit diesem armen, sterbenden Mädchen gegenüber, ob meines Lebens im Überfluß.
Lange konnte ich mich nicht verabschieden, und als ich dann endlich ging, sah ich nochmals in die großen Augen des Knaben, der immer noch Mais auslöste.

Läuse

Die drei nepalesischen Mädchen, die sich sowohl beim Anmarsch als auch beim Rückweg vom Makalu darum gestritten hatten, eine Last tragen zu dürfen, waren mindestens so schnell und zäh wie die männlichen Kulis.
Weder während des zehntägigen Aufstiegs zum Basislager noch auf dem Weg zurück in die Niederungen aber habe ich sie sich gründlich waschen sehen. Sie rochen ranzig, nach Rauch und nach Schweiß, und ihre Kleider waren immer dieselben.
Nur einmal, als wir beim Rückmarsch durch den ersten

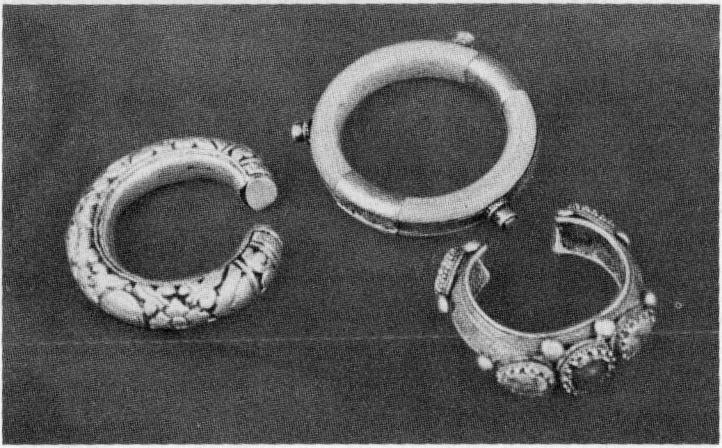

Drei Zuras, tibetische Armreifen aus Silber, Elfenbein, Korallen und Türkisen

Weiler marschierten, warfen sie an einem Bach die Lasten ab, schoben ihre Armreifen über die Handgelenke und wuschen sich Hände und Gesicht. Anschließend hockten sie sich alle hintereinander auf einen Baumstamm und pflückten sich gegenseitig die Läuse aus dem Haar.

Steile Pfade

Die Steige, die im Hochland von Neuguinea ein Dorf mit dem nächsten verbinden, sind keine Pfade in unserem Sinne, geschweige denn Wege. Es sind schmale, begehbare Streifen, die durch den Dschungel, durch mannshohe Wasserläufe und durch riesige Hochmoore leiten. Oft nützen sie umgestürzte Baumstämme aus, die zwar glatt und glitschig, aber wenigstens fest sind, oft führen sie über eine Reihe von Steinen, die sich wie Perlenketten über die sumpfigen Hochflächen schlängeln.
Besser erkenntlich und bedeutend leichter begehbar sind die Steige in den Hochtälern der Anden. Vielfach führen hier Brücken über die Wasserläufe, und die Maultiere übernehmen einen Großteil der Trägerarbeit. Nur einmal – bei Schneefall auf einem hohen Paß – kamen wir uns vor wie Napoleon beim Rückzug aus dem winterlichen Rußland.
Auch in den Bergen Nepals und Bhutans gibt es keine befahrbaren Wege. Die Mönche

wehren sich gegen den Eingriff in die ungestörte Landschaft, sie glauben, es sei Sünde, eine Straße zu bauen. Fallender Schutt und stürzende Felsblöcke könnten Bäume zersplittern, und nach der buddhistischen Lehre ist es untersagt, Leben zu vernichten.
Die Steige führen oft in vielen Tausenden von Stufen über steile Berghänge, über Brücken, die von Seilen aus gedrehtem Bambus getragen werden; sie laufen an lotrechten Felswänden entlang, wobei meist nur Trockenmauern oder krumme Holzstämme den wenige Fuß breiten Pfad bilden, der turmhoch über dem Abgrund zu kleben scheint.
An breiteren Stellen im Land der Sherpa zieren Manimauern und Gebetsfahnen den Wegrand als Dank an die Götter, wie rechts im Bild.
Auch die alten Wegkreuze, die bei uns in Südtirol von frommen Bauern in der Zeit vor den Traktoren und Autos auf Paßhöhen oder an steilen, ausgesetzten Stellen aufgestellt worden waren, haben ähnliche Bedeutung. Als das Erreichen solcher Höhen noch das Ergebnis harter Mühsal gewesen war, standen sie als Fürbitt- und Dankeszeichen. In den wenigen Jahren seit der Fertigstellung der ungezählten Fahrwege sind all diese Mühen und Ängste verschwunden und mit ihnen auch ein Teil der religiösen Gefühle, die früher mit Aufstieg und Gefahr verbunden gewesen waren.

IM SHERPA-LAND

Die meisten Expeditionen in Nepal sind ohne Sherpa-Hilfe nicht denkbar. Wie viele Achttausender-Besteigungen wären ohne die Sherpa-Träger gescheitert? Die meisten.

Diese höhentauglichen Berglandbewohner im Südwesten des Mount Everest hätten den höchsten Berg der Welt vor Jahrzehnten schon ohne Maske besteigen können, wenn nicht religiöse Hemmungen und Respekt vor den Naturgewalten sie von einem solchen Vorhaben abgehalten hätten. Niemand ist besser für das Höhenbergsteigen geeignet als diese starken und zähen Bewohner von Solu Khumbu.

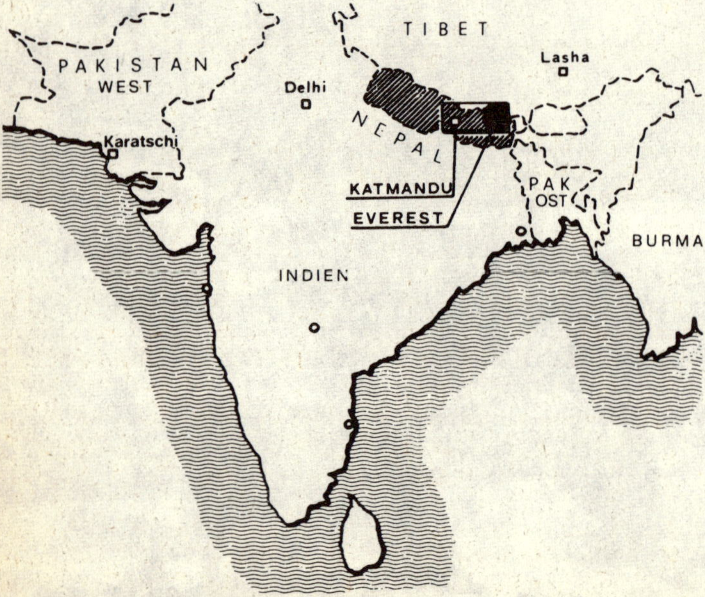

Im Zentrum von Namche Bazar, Hauptort der Sherpa in Nepal

Die Sherpa

Bauern und Träger am Fuße des Mount Everest

Staatsform/Politische Zugehörigkeit: Die Sherpa in den Tälern von Solu, Pharak, Khumbu und Barun unterstehen dem Königreich Nepal. Hauptort: Namche Bazar.

Größe des Volkes: Ca. 19000 Einwohner in mehreren Tälern.

Meereshöhe: 2500 m bis 4200 m, Almen bis fast 5000 m.

Klima: Alpines Klima mit drei klimatischen Jahreszeiten: eine kühle bis kalte mit Höhenstürmen (Nachmonsun), eine warme (Vormonsun) und die Regenzeit von Ende Mai bis Anfang Oktober (Monsun).

Rechts: Wochenmarkt in Namche Bazar, Treffpunkt der Sherpa aus Solu Khumbu

Unten: Bauernfamilie in Thame, Nepal

Religion: Die Sherpa von Nepal folgen der lamaistisch-buddhistischen (tibetischen) Glaubensrichtung.

Sprache: Sherpa-Sprache (tibeto-birmanische Sprache).

Nichteingeweihte verbinden mit dem Namen Sherpa ausschließlich die Hochträger, die die Expeditionen auf die Berge des Himalaja begleiten. In Wirklichkeit sind die Sherpa ein kleines Volk tibetischen Ursprungs, das sich großteils süd- und südwestlich des Mount Everest angesiedelt hat.
Die Sherpa, besonders jene aus dem Khumbutal, sind dem Aussehen und Verhalten nach den Tibetern ähnlich. Ihre vorstehenden Backenknochen, die schmalen, nach oben gezogenen Augen sind ein Beispiel. Ihr Schmuck, ihre Kleider und ihre tägliche Nahrung – Tsampa – sind tibetischen Ursprungs. Auch Kultur, Sprache und Religion sind tibetisch.
Die Sherpa aus dem Solutal und größerer Entfernung von der tibetischen Grenze jedoch verschmelzen sich mehr und mehr mit dem Nepalesischen.
Die Männer, die Jahr für Jahr zahlreiche Expeditionen zu den großen Bergen des Himalaja begleiten, kommen aus den Sherpa-Dörfern nahe der Grenze. Sie zeichnen sich durch besondere Ausdauer, Geschicklichkeit und Hilfsbereitschaft aus, sind anpassungsfähig und mutig. Einige von ihnen standen auf dem höchsten Berg unserer Erde, wie z. B. Tensing Norkay, oder auf anderen Achttausendern. Die Treue und Ehrlichkeit, früher vielgerühmte Eigenschaften der Sherpa, scheinen in den letzten Jahren unter den vielen Nepalreisenden gelitten zu haben. Auch in der Kleidung beginnen sie sich umzustellen. Bewahrt haben sich die Sherpa ihren lebensfrohen Charakter und ihren Optimismus. Sie leben nach wie vor in erster Linie von landwirtschaftlichen Erträgen und stellenweise vom Handel. Im Khumbugebiet wachsen bis in Höhen von 4000 m Weizen, Buchweizen, Kartoffeln. Man hält Yaks, eine langhaarige Rinderart, die als Tragtiere dienen und die Milch, Butter, Käse, Fleisch, Leder und Wolle liefern.
Die Dörfer der Sherpa ähneln jenen in entlegenen Westalpentälern. Die Schindeldächer sind mit Steinen beschwert, die Felder liegen um die Haufendörfer verstreut.
Überall vor den Häusern wehen Gebetsfahnen, deren stumme Bitten der Wind zu den Göttern trägt.

»Om Mani Padme Hum«

Das Urgebet der Buddhisten – »Om Mani Padme Hum« – vereinfacht mit »O Kleinod in der Lotosblüte« übersetzt, ist in Solu Khumbu allgegenwärtig: auf Steine gemeißelt, auf Gebetsfähnchen gedruckt, gemurmelt von einer alten Frau am Wegrand. »Om« – »Ich beschwöre die Erfahrung des Universums«, – »Mani« – »damit der Schimmer meines unsterblichen Geistes« – »Padme« –

Alte Frau mit Gebetskette in Thame, Solu Khumbu, Nepal

»in der Tiefe des Bewußtseins erwache« – »Hum« – »und ich ausfließe in das alle Horizonte durchbrechende Nichtsein«. Auch der Bauer auf dem Feld, beim Holzhacken, hinter den Yaks herschlendernd, bewegt sich im Rhythmus dieser Gebetsformeln.

Der alte Lama von Pangboche

Auf dem Weg zwischen Tengboche und Dingboche war ich der Expeditionsgruppe, mit der ich zur Lhotse-Südwand unterwegs war, etwas vorausgeeilt und verweilte nun in Pangboche, wo ich die Gomba, das Kloster, zu besichtigen gedachte.
Ein junger Lama, der von einem Privathaus weiter unten gekommen war, um die heiligen Hallen aufzuschließen, begleitete mich an den Regalen, die gefüllt mit Büchern und Buddhas waren, entlang und zeigte mir dann auch den Skalp des Yeti, der hier aufbewahrt wird. Ich betrachtete ihn zwar eingehend, aber nicht ohne Skepsis, da ich die Geschichte um den Schneemenschen für eine Fabel halte, der die gleiche Bedeutung zukommen mag wie den Dolomitensagen.
Noch über diese spitze, rothaarige Schädeldecke nachdenkend, die, abgesehen vom Yeti, auch von einem Affen oder Bären stammen könnte, schlenderte ich später durch einen kleinen Pinienwald zum Steig zurück, wo ich mit meinen Kameraden zusammentreffen wollte.
Plötzlich vernahm ich dumpfe Trommelschläge, gleichmäßig und mystisch drangen sie zu mir, dazwischen der Gesang einer matten, männlichen Stimme.
Ich blieb stehen und lauschte. Sofort spürte ich die Richtung, aus der die Trommelschläge und der choralartige Gesang kamen, ich spähte dorthin und es fiel mir dabei ein winziges Haus auf, das mir ob der seltsamen Klänge, die aus ihm drangen, und seiner Kargheit geheimnisvoll erschien.
Angelockt durch den seltsamen Gesang und getrieben von Neugierde stieg ich den Hang zu diesem Haus hinauf. Als ich die niedrige Tür zum Atrium aufmachen wollte, fiel sie polternd nach innen. Da die Trommelschläge aber nicht aussetzten, schlüpfte ich in diesen Vorhof, stellte die Holztür wieder auf und trat dann gebückt ins Haus. Wegen der Finsternis und der niederen Räume konnte ich mich nur langsam vorwärtstasten und erreichte über eine steile

Der alte Lama von Pangboche, Solu Khumbu, Nepal

Treppe den Raum, aus dem die seltsame Musik kam.
Im ersten Augenblick wußte ich nicht, ob ich das Haus eines Toten oder Lebenden betreten hatte. In einer Ecke des Zimmers, etwa drei mal drei Meter im Quadrat und höchstens einssechzig hoch, saß in einer Art Kiste ein weißhaariger, runzeliger Mann. Links von seinem scheinbar abwesenden Gesicht hing eine Trommel, rechts neben ihm lag ein aufgeschlagenes Buch. Auf das vergilbte Papier fiel ein schwacher Lichtschein. Ich war stehengeblieben und erschrak, als die greise Hand nun den Trommelschlegel hob. Der Lama war also nicht tot, er meditierte, hatte mich weder gesehen noch gehört und setzte nun seine rhythmischen Gebetsübungen fort.
Ich rührte mich nicht, sah die schwarzen Zodern aus Staub und Ruß, die Stalaktiten gleich armlang von der Decke hingen, sah die wenigen Töpfe, die leeren Regale und sah den alten ausgezehrten Lama, der einen solch friedlichen Ausdruck hatte.
Von der kontemplativen Stimmung dieser winzigen Enklave und den gleichmäßigen Schwingungen der Trommel in einen traumhaften Zustand versetzt, ging ich erst eine Stunde später wieder.

Die Bergführer Europas und die Sherpa im Himalaja

Unbestritten sind die Sherpa die fähigsten Hochträger der Welt. Diese Männer, aus dem Gebiet von Solu Khumbu und Darjeeling stammend, waren seit eh und je die Begleiter der großen Himalajaexpeditionen. Ihre Treue, ihre Geschicklichkeit und ihr Mut sind zur Legende geworden, und nicht wenige unter ihnen standen als erste Menschen auf den höchsten Gipfeln der Welt.
Immer aber waren sie in Begleitung von »Sahibs«, von weißen Bergsteigern also, und es wirft sich die Frage auf, warum noch nie eine reine Sherpa-Expedition einen hohen Gipfel angriff oder sogar bezwang. Um dieser Frage nun größere Berechtigung zu verleihen, muß ich die Geschichte der Bergführer in den Alpen kurz umreißen, da die Berufe sich ähneln.
Unsere Bergführer nämlich – ich greife jetzt hundert und mehr Jahre in der alpinen Geschichte zurück – begannen ihre Tätigkeit genauso wie die Sherpa in Nepal. Sie zeigten den »Herren« – diese waren meist Forscher oder Eroberer – den Weg durch die Täler, trugen die Lasten und berieten sie hinsichtlich der Unterkunft.
Am Berg aber übernahm der

»Herr« die Führung; der »Bergführer«, der zu diesem Zeitpunkt der alpinen Entwicklung noch eher als »Träger« fungierte, stieg hinterher. Erst nach und nach entwickelten sich die fähigsten dieser Träger – sie waren meist Jäger, Hirten oder Kleinhäusler gewesen – zu eigentlichen Bergführern. Nun übernahmen sie die physische und geistige Führung, das heißt, sie stiegen voraus, bestimmten den Weg bei einer Erstbesteigung und trafen alle wichtigen Entscheidungen am Berg, während ursprünglich diese Entscheidungen allein vom »Herrn« getroffen worden waren.

In diese Zeit fallen auch die ersten Erstbesteigungen durch reine Bergführerseilschaften (ich erinnere an die Eroberung der Kleinen Zinne durch Michl und Hans Innerkofler). In kurzer Zeit waren diese Bergführer zu den besten Bergsteigern ihrer Zeit herangereift, und oft führten sie große Besteigungen auf eigene Initiative, also auch ohne Honorar durch. Man denke an Zurbriggen, Schroffenegger, später Dibona usw. Bis heute hat sich an dieser Entwicklung nicht viel geändert. Immer wieder haben Bergführer als Amateure, also aus Begeisterung zur Sache, außerordentliche Marksteine in der alpinen Geschichte gesetzt (Soldà, Solleder, Steger, Buhl, Terray, Bonatti, Desmaison u. a. m.) – ja sogar diese Geschichte entscheidend geprägt.

Was nun die Sherpa betrifft, so sind diese in der ersten Phase stehengeblieben. Heute noch zeigen sie den Expeditionen den Weg zum Berg, verhandeln mit den Talträgern und betreuen diese..., lösen lokale Versorgungsprobleme. Am Berg selbst tragen sie große Lasten über die von den »Sahibs« gelegte und – wenn notwendig – versicherte Route. Sie kochen in den Lagern, die auf den von den Sahibs bestimmten Plätzen vielfach von den Sherpa aufgebaut worden sind. Sie zeigen große Fertigkeit im Eis (weniger im Fels), wissen mit Steigeisen und Pickel umzugehen – alle Entscheidungen aber werden von den »Sahibs« getroffen. Die Bezeichnung »Hochträger« ist heute noch die treffendste für ihren Beruf, tragen sie doch die Lasten bis in 7000 und 8000 Meter Meereshöhe.

Wenn man nun aber bedenkt, daß viele dieser Sherpa schon bei zehn und mehr großen Himalajaexpeditionen dabeigewesen sind, daß sie sich zudem schneller akklimatisieren (sie leben von Haus aus auf 3000 bis 4000 Meter Meereshöhe) als die Bergsteiger, denen sie sich für einen fixen Tageslohn als Hochträger verpflichten, so taucht unwillkürlich die Frage auf, warum sie sich nicht selbst, unter sich, an dem einen oder anderen der Berge, unter denen sie aufgewachsen sind, versuchen. Oder warum nicht wenigstens die Fähigsten unter ihnen richtige Führerdienste übernehmen, so wie es bei uns in den Alpen die Bergführer tun.

Sogar die vielen Gruppen, die heute durch das Bergland Nepal wandern (Trekkings), werden meist von Alpenbergführern begleitet. Nur diejenigen Gruppen, die den Bergen selbst fernbleiben, werden manchmal ausschließlich von Sherpa geführt. Dabei trifft der Sirdar, eine Art Sherpa-Chef, die wichtigsten Entscheidungen. Den Gipfeln aber nähern sie sich allein nicht, als ob sie sie fürchten würden.

Es ist richtig, daß anfangs auch in den Alpen, was die Einheimischen betrifft, Hemmungen, ja sogar Angst das Sichnähern an die Berge bestimmten. Bald aber waren diese Ängste von den Bergführern abgelegt worden. Und bei den Sherpa?

Nur wenn man bedenkt, daß in den Himalajastaaten die Aufklärung (im Sinne Voltaires) noch nicht vollzogen worden ist, daß hier kein Eroberungs- und Leistungsdenken herrscht, kann man die Sherpa-Entwicklung verstehen. Trotzdem hat die nepalesische Regierung kürzlich kundgetan, daß der Gaurisankar, einer der schönsten und gleichzeitig höchsten unbestiegenen Gipfel der Welt, so lange gesperrt bliebe (für jeden Gipfel, der höher ist als 6600 Meter, braucht man in Nepal eine spezielle staatliche Genehmigung für einen Besteigungsversuch), bis eine reine Sherpa-Mannschaft fähig sein würde, ihn zu erobern.

Wie viele europäische Bergsteiger träumen vom Gaurisankar, diesem heiligen Berg!

Ich bin sicher, daß eine gut ausgewählte Sherpa-Expedition (die Ausrüstung ist für sie kein Problem, da jeder Sherpa bei jeder Expedition, an der er teilnimmt, vollständig ausgerüstet werden muß) am Gaurisankar Erfolg haben könnte, ja Erfolg haben müßte!

Warum tut sich eine solche Mannschaft nun nicht zusammen, fragen wir westlichen eroberungssüchtigen Bergsteiger.

Warum wird es die Sherpa-Gaurisankar-Expedition in naher Zukunft nicht geben?

Weil sich diese starken Männer aus dem Himalaja den Respekt vor der Größe dieser Berge und den Naturgewalten bewahrt haben.

Ein Respekt, der sich bei uns dank der Technologie (leider!) vielfach verflüchtigt hat.

Arbeit und Gefahr

Die Sherpa, die Jahr für Jahr als Hochträger bei den vielen Himalajaexpeditionen in Nepal arbeiten, leben gefährlich. Wie viele sind nicht mehr zurückgekommen? Im Khumbu-Eisbruch am Mount Everest, in der Nordflanke der Annapurna kamen sie ums Leben.
Es ist heute schwieriger geworden, gute Sherpa anzuheuern, weil diese geschickten Bergbauern auch als Trekkingführer gebraucht werden. Trekking ist nicht gefährlich, aber bei Expeditionen bekommen die Männer zum Tageslohn auch noch die Bergausrüstung, und diese kann man in Kathmandu gut verkaufen. Das ist der Hauptgrund für einige Hundert, bei der gefährlichen Arbeit des Hochträgers zu bleiben.

Urkien

Auf zweien meiner großen Expeditionen im Himalaja war Urkien unser Sirdar. Der Sirdar ist sozusagen der Chef der Sherpa-Mannschaft, er übernimmt die Überwachung der Kulis beim Anmarsch, gibt die Befehle der Sahibs an die Hochträger weiter und kümmert sich um den Nachschub frischer Nahrungsmittel aus dem Tal.
Bestimmt zählt Urkien zu den erfahrensten Sherpa von Solu Khumbu, und mit Recht ist er heute der meistbeschäftigte Sirdar von Nepal. Hätte er in den letzten Jahren nicht mehr und mehr zu trinken begonnen – eine Untugend, der übrigens viele Sherpa verfallen –, so wäre er wohl auch bei unserer Lhotse-Expedition Sirdar gewesen.
Beim Anmarsch zu diesem Achttausender wollte ich meinen alten Freund in seinem Heimatort Khumjung besuchen. Er war aber nicht da, auf Expedition, wie mir seine Kinder erklärten, am Yalung Kang, dem Westgipfel des Kangchenjunga, mit der deutsch-österreichischen Himalajaexpedition, bei der er als Sirdar vorbildliche Arbeit leistete. Auch seine Frau war seit Wochen außer Haus, anscheinend in Pokhara. Die Kinder hausten offensichtlich allein.
Die Haustür stand offen, Rauch quoll aus den kleinen Fenstern, und im Garten sprangen junge Ziegen herum. Ich setzte mich auf die Türschwelle, schaute zur Gebetsfahne hinauf, die an

Folgende Seiten:

Sherpa beim Lastenschleppen in der Lhotseflanke am Mount Everest, Nepal

Der Sherpa-Sirdar Urkien im Basislager am Manaslu, Himalaja, Nepal

einem mächtigen Holzstamm vor dem Haus flatterte, und versuchte, die Expeditionen zu zählen, die Urkien bisher begleitet hatte. Es mochten inzwischen 18 sein, 18 Expeditionen zwischen dem Makalu und den armen Tälern Westnepals. Im Leben dieses Mannes aber hatte sich wenig verändert. Sein Haus sah aus wie alle anderen Häuser in Khumjung und seine Kinder waren gleich gekleidet wie die anderen. Da hing wohl ein Rucksack von einer früheren Expedition, dort standen einige Plastikcontainer unseres gemeinsamen Manaslu-Unternehmens, die jetzt als Wasserbehälter dienten, sonst aber war alles beim alten geblieben. Am Manaslu hat Urkien viel Organisationstalent und Durchsetzungsvermögen bewiesen, Eigenschaften, die ihm schon die Erstbesteiger des Kangchenjunga bestätigt hatten, nachdem er diese bis in fast 8000 m Höhe begleitet hatte. Damals war er noch jung, ein Sherpa wie die anderen. Später hat er Norman Hardie durch das »Höchste Nepal« begleitet und den berühmten Kartographen Erwin Schneider geführt; mehr als einmal war er mit Sir Edmund Hillary unterwegs. Er hat sogar einen Achttausender, den Manaslu, bestiegen und am Ama Dablam nach Vermißten gesucht, damals als zwei Bergsteiger an diesem heiligen Berg über Khumjung einfach verschwunden waren. Dieser Berg, an dem nun eine mächtige Wolkenfahne hing, stand jetzt in der vollen Nachmittagssonne und wirkte unnahbar, unnahbar wie die Kinder des Urkien, die sich inzwischen vor mir versammelt hatten. Sie sahen mich nur kopfschüttelnd an, als ich ihnen sagte, ich sei mit ihrem Vater am Manaslu und Makalu gewesen...

Hochzeit und Ehe

Bei den Sherpa ist es ähnlich wie im alten Tibet – die Frau wird das Oberhaupt der Familie. Der Mädchenname der Frau wird der Familienname, alle weltlichen Güter der Familie gehen in den Besitz der Frau über. Die Frauen können sich von ihren Männern scheiden lassen, indem sie ihnen ein Yak oder ein Schaf schenken und »Lebewohl« sagen. Oft nehmen die beiden Ehepartner einen Strick, ziehen bis er reißt und sind geschieden.

Mani Rimdu

Es war heiß gewesen auf dem Weg nach Thame, dennoch spürte man überall die Härte

Heiratszeremonie und Festgelage in Namche Bazar, Solu Khumbu, Nepal

des Winters: staubige, nackte Äcker zwischen den weißgrauen Steinmauern, Vögel nur an verborgenen Plätzen; und jetzt der Wind, der in Stößen vom Trashi Laptsa herunterfuhr, der an den bunten Gebetsfahnen, die im Reisiggeäst an den Hausfronten hingen, zerrte, der an ihnen riß.
Ich war auf dem Weg zum Kloster von Thame, das ich schon Stunden vorher als winzige Stadt hoch oben über dem Tal ausgemacht hatte. Dort oben sollte das große Lamafest Mani Rimdu beginnen.
Am Pfad, der durch das Dorf zur höhergelegenen Gomba führte, drängten sich die zerfallenen Hütten dicht aneinander. Einige waren schon verlassen, das Dach eingestürzt, die Türen offen. Ihr fauler Atem schlug mir auf dem Steig entgegen. Andere aber – und auch deren Wände hingen vornüber – hatten die groben Läden verschlossen, die Türen mit schweren Eisenschlössern verriegelt, ein Zeichen, daß die Bewohner außer Haus waren.
Nur eine alte Frau, deren Haar verklebt war vom Blut der Läuse und an deren Mund und Augenwinkeln schwarze Spuren von Fliegen klebten, kauerte an einer Mauer. In der Rechten drehte sie die Gebetsmühle, in der Linken hielt sie die Tanga, eine Art Rosen-

kranz. So viel Elend lag hier zusammengekauert, daß meine festliche Vorfreude in Melancholie umschlug. Etwas weiter oben am Weg saß ein betender Lama. Er verströmte einen Geruch nach modrigen Teppichen, aber sein Gesang hatte etwas Heiteres. An schier endlosen Manimauern entlangwandernd, erreichte ich am späten Nachmittag den Platz vor der Gomba: unter einem riesigen weißen Zelttuch saßen die Lamas des Klosters in einer langen Reihe und beteten. Vor ihnen auf dem Boden kauerten dicht aneinandergedrängt die Männer, Frauen und Kinder der umliegenden Dörfer. Lautlos kamen und gingen die Mönche, unnahbar, in Meditation versenkt. Gekleidet in Rot und Gold, saß der Ringboche in ihrer Mitte. Die Luft war geschwängert vom Duft süßlicher Gewürze und dem Gemurmel der Lamas.

Ruhe, Kraft und Würde ausstrahlend, eröffnete der neunzehnjährige Ringboche Akt um Akt der Feier, begab sich in die Versenkungsstellung oder begann mit rituellen Gebärden ein Gebet. Die Lamas, die seit drei Tagen gefastet und nicht geschlafen hatten, schienen ihre Körper abgestreift und eine neue Dimension des Sehens erreicht zu haben.

Anderntags erschien der Ringboche spät, setzte sich auf seinen erhöhten Platz vor den Thangkas neben die leeren Kissen, die symbolisch für den Dalai Lama ausgebreitet wurden, hob Dorje und Drilbu – Zepter und Glocke, mit denen alle Rituale eingeleitet werden – mit zierlichen Bewegungen. Es begann nun eine Reihe von Tänzen und Gesängen, deren Text ich nicht verstand, in deren Faszination ich aber ebenso verfiel wie die festlich herausgeputzten Sherpa-Familien neben mir. Als ich am Nachmittag wieder talwärts ging, begann sich auch das Dorf zu beleben: Punkte auf den braunen Äckern, Rauch auf den Dächern... Eine kleine Yakkarawane kam gerade vom Nangpa La, sie brachte wohl Salz aus Tibet.

Mani Rimdu in Tengboche; ganz rechts unten der Ringboche. Solu Khumbu, Nepal

Mit offenen Augen

Wer heute mit offenen Augen in Nepal unterwegs ist, kann das Ineinandergreifen mehrerer Kulturen sinnlich wahrnehmen. Beim stetigen Aufstieg von Pokhara durchs Kali-Gandaki-Tal bis an die Grenze von Mustang wechselt die Haus- und Dorfstruktur von der typi-

schen Rai-Siedlung (links oben) bis zum typischen tibetischen Haufendorf (links unten). Noch stärker gilt dies für einen Übergang aus dem Baruntal ins Solu-Khumbu-Gebiet.
Fast alle Organisationen von Trekkingreisen bieten mehrere Touren in Nepal an, die mehr oder weniger alle Einblick in das Leben der Bergbevölkerung dieses Himalajastaates bieten.
Wer selbständig und in kleiner Gruppe reist, die nötige Kondition und Gebirgserfahrung mitbringt, kann auf einer Wanderung durch das Baruntal mit dem Übergang nach Solu Khumbu einmal die Nepali, die Sherpa und viele Tibeter Flüchtlinge kennenlernen, zum anderen eine Himalajaüberschreitung erleben, die einer kleinen Expedition gleichkommt. Diese Tour, die bei normalen Umständen drei bis vier Wochen in Anspruch nimmt, an Makalu, Lhotse, Mt. Everest und Ama Dablam vorbeiführt, erhält durch die Begehung des Sherpani Col und des Amphu Laptsa einen hochalpinen Charakter.
Diese Tour sollte nicht ohne Bergführer und in der Schlußphase nur bei gutem Wetter durchgeführt werden. Im Notfall muß unter dem Sherpani Col abgewartet werden. Eine ausreichende Akklimatisation ist durch den langen Anmarsch gegeben.

DAS HOCHLAND VON TIBET

Tibet ist seit der Besetzung durch die Chinesen nicht mehr Tibet. Nur der Potala-Palast von Lhasa, wohl das schönste Bauwerk, das der Lamaismus hervorgebracht hat, steht noch in all seiner Pracht über der alten Hauptstadt. Pagoden, aus Silber- und Goldblech gehämmert, leuchten weithin. Jetzt sind die Märkte zwar wieder frei, Gebetsfähnchen dürfen aufgehängt und Opferfeuer entzündet werden, der Dalai Lama aber, Gottkaiser der Lamaisten, lebt immer noch im Exil. Fische, Menschen und die Lotosblüte, die überall Häuser und Wege zieren, sind deshalb Glückssymbole ohne Kraft.

Die Tibeter

Vertrieben von der größten Hochfläche der Erde

Staatsform/Politische Zugehörigkeit: Bis 1951 mehr oder weniger selbständiges Reich, Hauptstadt Lhasa. Seit 1951 autonome Region der Volksrepublik China.

Größe des Volkes: Ca. 4 bis 7 Millionen, heute leben etwa 20000 in Nepal, die vorwiegend nach 1959 dorthin geflohen sind.

Meereshöhe: Die durchschnittliche Höhe des Hochplateaus von Tibet beträgt 4000 m.

Klima: Ausgeprägtes Hochlandklima mit starken Temperaturschwankungen zwischen Tag und Nacht, Sommer und Winter, starker Sonnenbestrahlung und Trockenheit. Im Süden und Südosten milderes Klima.

Religion: Lamaismus (Buddhismus).

Sprache: Tibetisch, tibeto-birmanische Sprachfamilie, verschiedene tibetische Dialekte.

Nach der totalen Besetzung durch die Chinesen und der Flucht des Dalai Lama nach Indien (1959) flohen zahlreiche

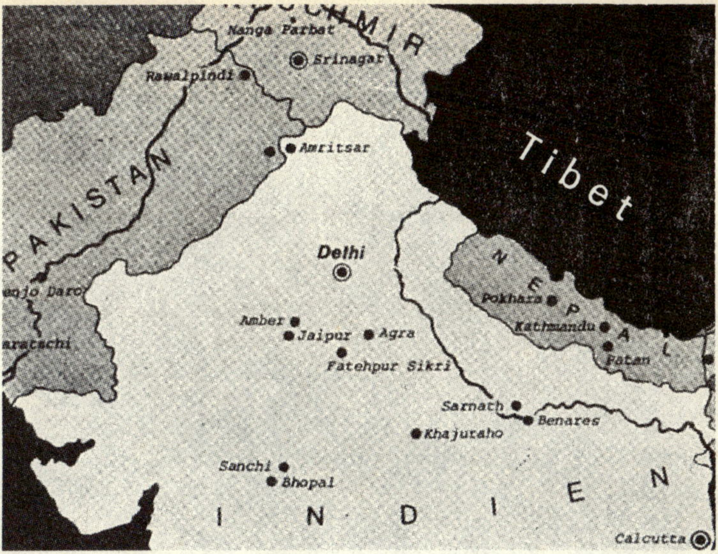

Tibeter in die angrenzenden Bergtäler Nepals, wo sie ein halbwegs verträgliches Klima vorfanden und sich ansiedelten. Sie halten an ihren Bräuchen und an ihrer Sprache fest und sind leicht von den Nepalesen zu unterscheiden. Meist tragen die Männer langes Haar, das sie in Zöpfen mit roten Bändern aufstecken.

Obwohl sich die Tibeter bis zum Jahre 1951 mehr oder weniger selbst regiert und verwaltet haben, haben sich diejenigen, die nach Bhutan, Sikkim, Indien, Nepal, der Schweiz und auch Deutschland geflohen sind und heute dort leben, recht gut angepaßt. Vom heutigen Tibet, der »Autonomen Region der Volksrepublik China«, wo inzwischen die Chinesen herrschen, wissen wir recht wenig. Um so erfreulicher ist es, daß die Flüchtlinge an ihrem Volksglauben und an den Kulturgütern festhalten. So bleibt zu hoffen, daß durch ihre weise Lebenshaltung das zeitlose Wesen ihres Volkes sowie ihre Religion, welche das formende Element der tibetischen Kultur ist, erhalten bleiben.

Die Hochfläche von Tibet besitzt im Süden (Himalaja), Westen (Ladakh und Karakorum) und Norden (Kuenlun und Tangla) große, natürliche Grenzen. Sie ist im Westen und Norden sehr dünn besiedelt, hier herrschen Nomaden-

Der Potala-Palast in Lhasa, Tibet

tum und Viehhaltung (Yaks, Pferde, Ziegen, Schafe) vor, im Osten und Süden wird gemischte Wirtschaft betrieben (Ackerbau und Viehzucht). Die Tibeter, meist fröhliche und intelligente Menschen, sind keine homogene Rasse, obwohl man sie auch in den Grenzländern Bhutan oder Nepal an ihren Gesichtern sofort von den anderen Bergbewohnern unterscheiden kann. Die großen Tibeter mit dem

scharfgeschnittenen Gesicht kommen aus dem Osten und Norden des Landes, die kleineren mit rundem Schädel und hohen Backenknochen aus Zentraltibet und aus dem Westen. Auch in den Sitten bestehen erhebliche Unterschiede.

Wanderung durch Tibet

Der Blaue See, mongolisch Kuku-nor, tibetisch Tsot-ngon-po, hieß früher bei den Chinesen Si-hai, das westliche Meer. Jetzt nennen sie ihn Tsing-hai oder das Blaue Meer. Er bildet

Betende Tibeter unterm Potala-Palast

ein mächtiges Wasserbecken von mehr als einhundert Stunden im Umfang...
Wir zogen vom Kuku-nor gegen Südwesten. In der ersten Zeit war alles Poesie; wir hatten gute Wege, vortreffliches Wetter, klares Wasser und üppige Weidefluren. An die Räuber dachte niemand. Nach Sonnenuntergang war es freilich etwas kalt. Dann zog man eben den Schafpelz über. Jedoch die Freude hatte bald ein Ende.
Sechs Tage nach unserer Abreise mußten wir den Buchain-gol passieren. Er entspringt im Nan-schan-Gebirge und ergießt sich in den Blauen See. Er ist nicht tief, aber in zwölf unweit voneinander strömende Arme geteilt, die zusammen eine Breite von einer guten Wegstunde haben. An den ersten Arm gelangten wir noch vor Tagesanbruch. Er hatte eine Eisdecke, aber sie war nicht stark genug, uns zu tragen. Die Pferde wollten nicht vorwärts, die Yaks wurden unruhig, und es entstand im Dunkel der Nacht eine unbeschreibliche Verwirrung. Endlich gelang es einigen Reitern, ihre Pferde vorwärts zu bringen. Sie zerstampften mit ihren Hufen das Eis.
Dann erst folgte alles in buntem Durcheinander. Dasselbe geschah bei jedem einzelnen Flußarm. Bei Tagesanbruch steckte die »Heilige Gesandt-

schaft« noch in Wasser, Eis und Schlamm. Später kam sie wieder aufs Trockene, aber mit der Poesie war es nun vorbei. Alles jubelte und wünschte sich Glück, daß der Übergang so vortrefflich vonstatten gegangen sei, denn nur ein Mensch hatte ein Bein gebrochen und nur zwei Yaks waren ertrunken. Die ganze Karawane bot einen ziemlich lächerlichen Anblick: Menschen und Tiere waren mit Eiskrusten überzogen. Die Pferde ließen den Kopf hängen und wußten nicht, was sie mit ihren Schweifen anfangen sollten, die in lange Eiszapfen verwandelt waren. Das Haar an den Beinen der Kamele war gleichfalls in Eis verwandelt. Die Yaks sahen am merkwürdigsten aus. Sie gingen mit gespreizten Beinen und schleppten unter dem Bauch ein bis auf die Erde herabhängendes System von Stalaktiten. Jeder Grunzochse war mit Eis förmlich kandiert...

Dann und wann sahen wir Rauch aus armseligen Hütten aufsteigen, die vereinzelt in den Schluchten lagen. Dort wohnen Tibeter. Wir trafen auch schwarze Zelte und viele Yakherden. Nachdem wir 100 Li gemacht hatten, waren wir in Schobando. Diese kleine Stadt bot mit ihren ockerroten Häusern und Klöstern aus der Ferne gesehen einen einzigartigen Anblick. Sie lehnt an einen Berg und ist auf der Talseite von einem schmalen, aber tiefen Fluß umzogen, über welchen eine hölzerne Brücke führt. Schobando ist der wichtigste Militärposten nach Lha-ri, denn hier stehen fünfundzwanzig Mann.

Als wir eben schlafen gehen wollten, erschienen zwei Reiter im Hof unserer Herberge. Sie trugen einen mit Schellen besetzten Gürtel, verweilten nur wenige Minuten und sprengten dann fort. Wir erfuhren, daß wir den außerordentlichen Eilboten gesehen hatten, der vom Gesandten Ki-Schan nach Peking abgefertigt worden war. Er hatte die tibetische Hauptstadt erst vor sechs Tagen verlassen und schon mehr als 2000 Li, also 200 Wegstunden, zurückgelegt. Vergegenwärtigt man sich die Beschaffenheit der Wege in Tibet, dann wird man eine so rasche Beförderung erstaunlich, ja fast unbegreiflich finden. Die Eilboten, welche die Post besorgen und Tag und Nacht reiten, reisen allemal zu zweit, ein chinesischer Soldat und ein tibetischer Führer. Alle hundert Li wechseln sie die Pferde, die Menschen wechseln aber nicht so oft. Der Eilbote pflegt, bevor er auf die Reise geht, einen Tag lang zu fasten. Unterwegs genießt er bei jedem Relais einige Eier. Bei dem

höchst beschwerlichen Leben erreichen diese Leute selten ein hohes Alter. Viele gehen unterwegs verloren, stürzen in Abgründe oder werden vom Schnee begraben. Andere ziehen sich schwere Krankheiten zu.
Von Schobando ab ging unser Weg wieder ins Gebirge, durch Tannen- und Stechpalmenwälder nach Kia-yu-kiao, einem Dorf am steilen Ufer des Suktschu, eines reißenden Stromes, der hier durch eine tief eingeschnittene Schlucht fließt. Die Brücke war eingestürzt. Der Dheba hatte aber ein Floß bauen lassen. Wir konnten also unsere Reise fortsetzen. Wir hielten Nachtlager in Wa-hotschai, wo neben ein paar tibetischen Häusern ein kleiner chinesischer Tempel steht. Dort befindet sich auch ein Wachposten. Schon sehr früh am Morgen brachen wir wieder auf. Während der Nacht war fußtief Schnee gefallen, was uns das Fortkommen sehr erleichterte. Das Wa-ho-Gebirge ist nämlich fast das ganze Jahr über mit Glatteis bedeckt und ungeheuer schlüpfrig. Bei Sonnenaufgang hatten wir die Hochfläche erreicht, die einen tief melancholischen Anblick bietet: so weit das Auge reicht, weiter nichts als Schnee und immer wieder Schnee, kein Baum, nicht einmal Spuren eines wilden Tieres. Alles ist eintönig, nur da und dort steht ein dunkler Pfahl oder eine Stange als Wegzeiger. Die Reisenden finden nicht einmal eine Stelle, wo Tee gekocht werden könnte.
Den ganzen Tag über war das Wetter so klar, daß der vom Schnee zurückgeworfene Sonnenglanz unseren Augen weh tat, obwohl wir unsere Brillen trugen. Gegen Abend hatten wir den Rand der Hochfläche erreicht, stiegen durch Talschluchten hinab und gelangten nach Ngenda-tschai ins Nachtlager.
Wir rasteten einen Tag, der Lama Dsiamschang bereitete Augensalbe für alle. Nun hatten wir noch drei Tagereisen bis Tschamdo vor uns, über abscheuliche Wege, durch Steilschluchten und über armselige Brücken.

Aus: Régis Évariste Huc, »Wanderungen durch die Mongolei nach Tibet zur Hauptstadt des Tale Lama«

Rechts: Tibetisches Dorf am Fuße des Himalaya, Tibet

Regeln des Zusammenlebens

Es ist die Landschaft, die die Lebensform mitbestimmt. Nirgendwo hatte ich mehr diese Empfindung als in den weiten Hochsteppen von Tibet. Die Yak-Nomaden haben auch unter der chinesischen Vorherrschaft ihren Lebensrhythmus beibehalten: Der periodische Wechsel des Lagerplatzes, Vielmännerei, völlige Autarkie und gelegentliche Raubüberfälle sind hier noch selbstverständlich. Bei der Vielmännerei, die in der Abgeschiedenheit mancher Dörfer diesseits und jenseits des Himalaja noch praktiziert wird, werden auch die jüngeren Brüder des Bräutigams mit seiner Frau mitverheiratet. Der jüngere Bruder springt ein, wenn der ältere mit seiner Karawane unterwegs ist.

Wie vor Jahrtausenden

Dieser Nomade in Tibet treibt am Abend die Schafe in einen Zwinger, bindet sie zu Dutzenden zusammen, die Frauen

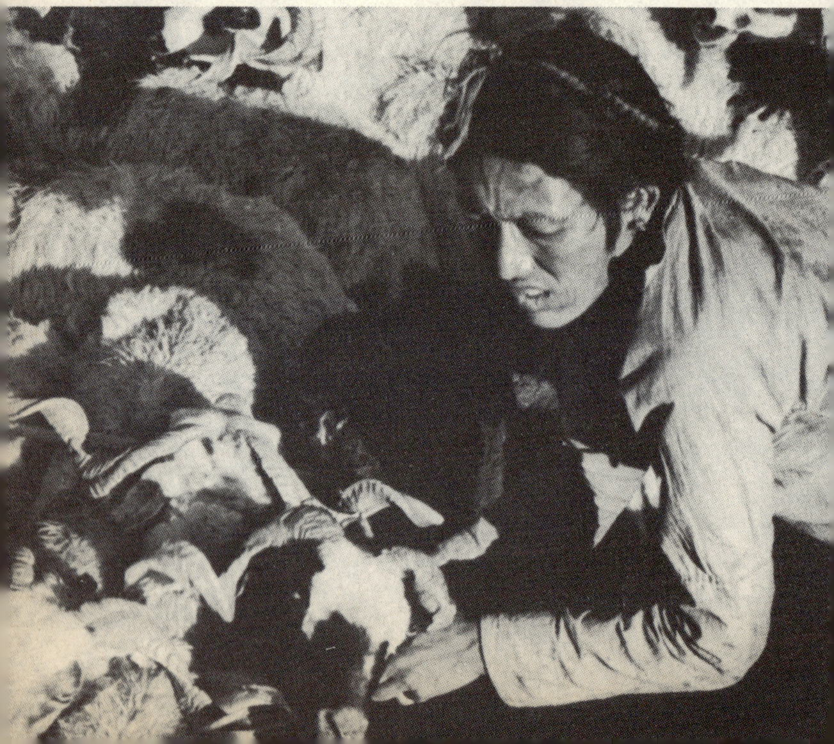

melken sie. So wird es seit Jahrhunderten gemacht. Die Dani-Frau (daneben im Bild) trägt ihr Kind im Netz, wie es hier seit Jahrtausenden üblich ist. Trotzdem – die Bergvölker im Himalaja, in den Alpen und im Dschungel der Südsee werden sich den Lebensgewohnheiten der westlichen Industrieländer anzupassen versuchen. Wir als Reisende können und dürfen uns nicht anmaßen, dies verhindern zu müssen, obwohl uns der Gedanke – ein egoistischer Gedanke – an ein Hotelleben in Solu Khumbu oder eine Materialseilbahn auf eine Südtiroler Hochalm grauenhaft erscheinen mag. Es ist eine Frage der Zeit, bis Technik, Wissenschaft und westliches Gedankengut die herkömmlichen Arbeitsweisen verdrängt und die Lebensweisen verändert haben werden, bis unsere Zeit auch die einfachsten Naturvölker eingeholt haben wird. Heute ist gerade die Vergleichsmöglichkeit zwischen den Bauern von Bhutan, die vorläufig in der Entwicklungsstufe unseres Mittelalters stehen, den Hochlandbewohnern in Neuguinea, die eben der Steinzeit entwachsen, und den Alpenbauern faszinierend. Eine einzige Reise kann uns durch viele Jahrtausende menschlichen Werdens führen. Wie lange das noch möglich bleibt, hängt nicht zuletzt davon ab, wie wir uns als Touristen bei den Einheimischen verhalten.

Fotos

Alle Bilder, mit Ausnahme der Fotos auf Seite 80, 81, 82, 83, 84 (G. Gasser), Seite 89, 91, (O. Ölz), stammen von Reinhold Messner.